Fritiofs Saga

Esaias Tegner ,

Andrew A. Stomberg,

Alpha Editions

This edition published in 2022

ISBN : 9789356311879

Design and Setting By
Alpha Editions
www.alphaedis.com
Email - info@alphaedis.com

PREFACE.

Ever since the establishment, many years ago, of courses in Swedish in a few American colleges and universities the need of Swedish texts, supplied with vocabularies and explanatory notes after the model of the numerous excellent German and French editions, has been keenly felt. This need has become particularly pressing the last three years during which Swedish has been added to the curricula of a large number of high schools. The teachers in Swedish in these high schools as well as in colleges and universities have been greatly handicapped in their work by the lack of properly edited texts. It is clearly essential to the success of their endeavor to create an interest in the Swedish language and its literature, at the same time maintaining standards of scholarship that are on a level with those maintained by other modern foreign language departments, that a plentiful and varied supply of text material be furnished. The present edition of Tegnér's Fritiofs Saga aims to be a modest contribution to the series of Swedish texts that in the most recent years have been published in response to this urgent demand.

Sweden has since the days of Tegnér been prolific in the creation of virile and wholesome literary masterpieces, but Fritiofs Saga by Tegnér is still quite generally accorded the foremost place among the literary products of the nation. Tegnér is still hailed as the prince of Swedish song by an admiring people and Fritiofs Saga remains, in popular estimation at least, the grand national epic.

Fritiofs Saga has appeared in a larger number of editions than any other Scandinavian work with the possible exception of Hans Christian Andersen's Fairy Tales. It has been translated into fourteen European languages, and the different English translations alone number approximately twenty. In German the number is almost as high. Several school editions having explanatory notes have appeared in Swedish and in 1909 Dr. George T. Flom, Professor of Scandinavian Languages and Literature of the University of Illinois edited a text with introduction, bibliography and explanatory notes in English, designed for use in American colleges and universities, but the present edition is the first one, as far as the editor is aware, to appear with an English vocabulary.

Fritiofs Saga abounds in mythological names and terms, as well as in idiomatic expressions, and the preparation of the explanatory notes has therefore been a perplexing task. A fairly complete statement under each mythological reference would in the aggregate reach the proportions of a treatise on Norse mythology, but the limitations of space made such elaboration impossible. While brevity of expression has thus been the hard rule imposed by the necessity of keeping within bounds, it is hoped that the notes may nevertheless be found reasonably adequate in explaining the text. Many mythological names occur frequently and in different parts of the text, and as constant cross references in the notes would likely be found monotonous, an effort has been made to facilitate the matter of consulting and reviewing explanatory statements for these terms by adding an index table.

It has not been thought necessary or desirable to translate many idiomatic expressions in the text, as the vocabulary ought to enable the student, without the assistance of a lavish supply of notes, to get at the meaning. It would seem that the study of a foreign text would be most stimulating and invigorating to a student, if he himself be given a chance to wrestle with difficult sentences.

The introduction that precedes the text makes no pretension of being anything more than an attempt to state in broad outline the salient facts in the life of Tegnér and in the genesis and development of the Fritiofs Saga theme.

The text in the present edition has been modernized to conform with the orthography officially adopted in Sweden in 1906.

This new edition of the great masterpiece is accompanied by the editor's sincere hope that it may in a measure at least serve to create an increased interest in the study of the sonorous Swedish language and its rich literature and give a clearer conception of the seriousness and strength of Swedish character.

The book owes much to the kindly suggestions and corrections of those who have examined it in proof or manuscript. Special acknowledgment is due Professor A. Louis Elmquist of Northwestern University, who carefully revised the vocabulary, and to Mr. E. W. Olson of Rock Island, Ill., whose accuracy and scholarship has been of invaluable assistance throughout.

University of Minnesota, December, 1913.

A. A. S.

INTRODUCTION.

I.

In the personality of Esaias Tegnér the vigor and idealism of the Swedish people find their completest and most brilliant incarnation. A deep love of the grandeurs of nature, keen delight in adventure and daring deeds, a charming juvenility of spirit that at least in the prime of his life caused him to battle bravely and hopefully for great ideas, a clear..ness of perception and integrity of purpose that abhor shams and narrow prejudices and with reckless frankness denounce evils and abuses, a disposition tending at times to brooding and melancholy, all these elements, combined in Tegnér, have made him the idealized type of the Swedish people. He was cast in a heroic mold and his countrymen continue to regard him as the completed embodiment of their national ideals. And in the same measure that Tegnér stands forth as an expression of Swedish race characteristics it may be said that Fritiofs Saga is the quintessence of his own sentiments and ideals.

Tegnér, according to his own words, "was born and reared in a remote mountain region where nature herself composes noble but wild music, and where the ancient gods apparently still wander about on winter evenings." His ancestry went back for several generations through the sturdy bonde class, though his father was a preacher and his mother the daughter of a preacher. The father's people dwelt in the province of Småland and the mother's ancestors had lived in the picturesque province of Värmland. The future poet was born on the 13 of November, 1782, at Kyrkerud, Värmland, his father holding a benefice in that province. While he was yet a mere child of nine the father died and the family was left in poverty. A friend of the Tegnér family, the judicial officer Branting, gave the young Esaias a home in his house. The lad soon wrote a good hand and was given a desk and a high, three-legged chair in the office. Branting took a fancy to the young clerk and soon fell into the habit of inviting him to accompany the master upon the many official journeys that had to be made through the bailiwick. Thus Esaias came to see the glories of nature in his native province, and deep and lasting impressions were left upon his mind. His quick imagination was further stirred by the heroic sagas of the North, in the reading of which he at times became so absorbed that the flight of the hours or the passing events were entirely unnoticed by him.

Branting, who had become convinced that his young clerk was by nature endowed for a much higher station than a lowly clerkship offered, generously provided Esaias with an opportunity for systematic study. In 1796 he wrote a good friend in whose home an elder brother of Esaias was then acting as tutor, suggesting that the younger brother be given a home there also and thus have the advantage of the brother's tutelage. A ready acquiescence meeting this proposal, Esaias now went to Malma, the home of Captain Löwenhjelm, and at once plunged into the study of Latin, French and Greek under the brother's guidance. Independently of the instructor he at the same time acquired a knowledge of English and read principally the poems of Ossian, which greatly delighted him.

The following year the elder brother accepted a more profitable position as tutor in the family of the great iron manufacturer Myhrman at Rämen in Värmland and thither Esaias accompanied him. Here he could drink deep from the fountain of knowledge for at Rämen he found a fine library of French, Latin and Greek classics. He worked prodigiously and this, coupled with a remarkably retentive memory, enabled him to make remarkably rapid progress in his studies. He would have remained in the library all the time poring over his dear classic authors but for the fortunate intervention of the young members of the Myhrman family, seven in all, who frequently would storm into his room and carry him off by sheer force to their boisterous frolics. To one of these playmates, Anna Myhrman, the youngest daughter of the family, he soon became attached by the tender ties of love.

In 1799 Tegnér was enabled, through the generosity of Branting and Myhrman, to repair to Lund and enter the university of that place. Here he made a brilliant record as a student, particularly in the classics, and after three years he was awarded the master's degree. In recognition of his remarkable scholarship he was soon after made instructor in aesthetics, secretary to the faculty of philosophy and assistant librarian. In 1806 he claimed Anna Myhrman as his bride.

We have the testimony of Tegnér himself that already as a child he began to write poetry, in fact these efforts began so early in his life that he could not remember when he for the first time exercised the power that later was to win him an abiding fame. As early as his clerkship days in the office of Branting he wrote a poem in Alexandrine verse with the subject taken from the Old Norse sagas. His numerous productions before 1808 attracted little attention and failed to get any prize for the young author. But in the above mentioned year he sprang into immediate popularity by the stirring "War Song of the Scanian Reserves" (Krigssång för skånska lantvärnet), the Marseillaise of the Swedish nation. Sweden had just suffered great reverses in war, her very existence as an independent power seemed to hang in the balance, and confusion and discouragement were evident on every hand. Then came Tegnér's patriotic bugle blast, stirring the nation to renewed hope and courage. Speaking of this poem Professor Boyesen says: "As long as we have wars we must have martial bards and with the exception of the German Theodore Körner I know none who can bear comparison with Tegnér. English literature can certainly boast no war poem which would not be drowned in the mighty music of Tegnér's 'Svea', 'The Scanian Reserves', and that magnificent dithyrambic declamation, 'King Charles, the Young Hero'. Tennyson's 'Charge of the Light Brigade' is technically a finer poem than anything Tegnér has written, but it lacks the deep, virile bass, the tremendous volume of breath and voice, and the captivating martial lilt which makes the heart beat willy nilly to the rhythm of the verse" (Essays on Scandinavian Literature, 233).

The ability evinced by Tegnér as an instructor, but principally the enthusiasm aroused by his "Song to the Scanian Reserves", gave him in 1810 a call to the Greek professorship at Lund. He did not, however, enter into this position until 1812.

In the meantime Tegnér had given to his native land the solemn didactic poem "Svea". In stately Alexandrine verse he scathingly rebukes his countrymen for their foolish aping after foreign manners and depending on foreign goods to satisfy their desires. The people, says the poet, can become strong again only by a return to the simple life and homely virtues of the great past. Not on the arena of war but through faithful endeavor in industry, science and art may the Swedish people restore to their fatherland its former power and glory. As though transported by this noble thought into a state of ecstasy, the bard then, in the concluding portion of the poem, pictures in magnificent dithyrambic song the titanic struggle that ensues and enthrones Peace as the beneficent ruler of the land. "Svea" won the prize of the Swedish Academy and firmly established Tegnér in the affection of his countrymen.

The most productive and brilliant period of Tegnér's literary activity is contemporaneous with his incumbency of the Greek professorship at Lund (1812-1824). In this period he enriches Swedish literature with a series of lyrics which still rank among the best both in point of lucidity of thought and brilliance of diction. Only a few that stand out most prominently in a list of about one hundred poems from this period can receive mention here.

The intolerance and bitterness of the reaction that followed close upon the downfall of Napoleon and found its cruel instrument of oppression in the Holy Alliance aroused the bitter opposition of Tegnér. His vision was not obscured, a fate that befell so many in that day, but he saw clearly the nobility and necessity of tolerance, freedom and democracy. It is to the great glory of Tegnér that he consistently used his brilliant powers in battling against the advancing forces of obscurantism and tyranny. His enlightened and humanitarian ideas find a beautiful utterance in the poem "Tolerance" (Fördragsamhet) which dates from 1808, but later was rewritten and appeared under the title "Voices of Peace" (Fridsröster). In "The Awakened Eagle" (Den vaknade örnen), 1815, he celebrates the return of Napoleon from Elba, The Union of Norway and Sweden stirs Tegnér to write a poem "Nore", a high-minded protest against politics of aggression and a plea for justice and a spirit of fraternity.

In "The New Year 1816" (Nyåret 1816) he scores the Holy Alliance in bitter and sarcastic terms. The liberal ideas of Tegnér are further elucidated in a famous address, delivered in 1817 at the celebration of the three hundredth anniversary of the Lutheran Reformation. In this event the poet saw the unfolding of the great forces that led to the spiritual and intellectual emancipation of man, and ushered in a new era of freedom and progress. The reactionaries in the realm of literature become the object of his attack in "Epilogue at the Master's Presentation" (Epilog vid magisterpromotionen). Other poems of this period, as "The Children of the Lord's Supper" (Nattvardsbarnen), admirably translated by Longfellow, "Axel", the tragic tale of one of the warriors of Charles XII., and his fair Russian bride, "Karl XII", which breathes the defiant spirit not only of the hero king but of the nation, "Address to the Sun" (Sång till solen), an eloquent eulogy to the marvelous beauty of the King of Day, merely served to establish Tegnér more firmly in the affection of the people. But his fame was to be placed on a still firmer foundation when the greatest creation of his fertile mind, Fritiofs Saga, appeared.

II.

The genesis of Fritiofs Saga is to be found partly in the renascence of a strong national sentiment in Sweden after the disastrous wars and loss of Finland, early in the nineteenth century, partly in Tegnér's personality and in his profound knowledge and warm admiration of the Old Norse sagas. We have seen how already as a boy he had read the sagas with keen zest and even tried his hand at a heroic poem in stately Alexandrine verse.

To the thoughtful minds of that day it seemed clear that the cause of Sweden's misfortunes was to be found in her loss of a strong manhood, due to a senseless readiness in adopting enervating foreign customs and to a fatal relaxation in morals. In 1811 a handful of enthusiastic students, mostly from Tegnér's native province of Värmland, formed the Gothic Union (Götiska förbundet) for the purpose of working with united efforts for the regeneration of the nation. This, they believed, could best be achieved by reviving the memories of the old Goths, merely another name for the people of the Saga period, which in turn would help to bring back the vigorous integrity and dauntless courage of the past. The ancient sagas must therefore be popularized.

Tegnér, who already in his "Svea" had bewailed the loss of national power and urged his people to become independent and strong again, joined the Gothic Union, at the same time expressing his disapproval of a too pronounced and narrow-minded imitation of old Gothic life and thought. Erik Gustaf Geijer, the great historian and poet, also a native of Värmland and in power of mind and loftiness of ideals almost the peer of Tegnér, published in Iduna, the organ of the Gothic Union, a few poems that faithfully reproduce the old Northern spirit and in strength and simplicity stand almost unsurpassed. An extremist in the camp was Per Henrik Ling, an ardent patriot, who, inspired by Danish and German Romanticism, would rehabilitate the nation by setting before it in a series of epics the strong virtues of the past, albeit that these often appeared in uncouth and brutal forms. For the physical improvement of his countrymen Ling worked out a scientific system of exercise, and though his epics were failures, largely because they set up coarse models for an age that aesthetically had risen superior to them, his system of physical training entitles him to an honored place among the great men of Scandinavia.

Tegner had been greatly grieved at Ling's literary mistakes. It seemed to him deplorable that a worthy cause should be doomed to ignominious failure just because unskilled hands had undertaken to do the work. This feeling prompted him to undertake the writing of a great epic based on the old sagas, but excluding their crudities. But it would be a mistake to think that this was the only force that impelled him to write. Tegnér has now reached the heyday of his wonderful poetic powers and he must give expression to the great ideas that stir his soul. And so he proceeds to paint a picture of Fritiof the Bold and his times. The great Danish poet Oehlenschläger had already published "Helge", an Old Norse cycle of poems which Tegnér warmly admired. This poem revealed to him the possibilities of the old saga themes in the hands of a master.

Fritiofs Saga did not appear as a completed work at first, but merely in installments of a certain number of cantos at a time and these not in consecutive order. In the summer of 1820, cantos 16-19, being the first installments or "fragments," as Tegnér himself called them, appeared in Iduna; the five concluding cantos were completed and published two years later, and not until then did the poet proceed to write the first part. The work was finally completed in 1825.

Although the first cantos published had received a most enthusiastic reception on the part of the people and won unstinted praise from most of the great literary men, even from many who belonged to opposing literary schools, an enthusiasm that grew in volume and sincerity as the subsequent portions appeared, Tegnér became increasingly dissatisfied and discouraged because of the task that confronted him and the serious defects that he saw in his creation. Tegnér was at all times his own severest critic and there is found in him an utter absence of vanity or illusion. "Speaking seriously", he wrote in 1824, "I have never regarded myself as a poet in the higher significance of the word. — — — I am at best a John the Baptist who is preparing the way for him who is to come." [Tegnér, Samlade Skrifter, II, 436.]

III.

As the basis for Tegnér's epic lies the ancient story of Fritiof the Bold, which was probably put in writing in the thirteenth century, although the events are supposed to have transpired in the eighth century. But Tegnér has freely drawn material from other Old Norse sagas and songs, and this, and not a little of his own personal experience, he has woven into the story with the consummate skill of a master. He made full use of his poetic license and eliminated and added, reconstructed and embellished just as was convenient for his plan. "My object", he says, "was to represent a poetical image of the old Northern hero age. It was not Fritiof as an individual whom I would paint; it was the epoch of which he was chosen as the representative." [Tegnér, Samlade Skrifter, II, 393.]

It was Tegnér's firm conviction that the poet writes primarily for the age in which he himself lives, and since he wrote for a civilized audience he must divest Fritiof of his raw and barbarous attributes, though still retaining a type of true Northern manhood. On this point Tegnér says: "It was important not to sacrifice the national, the lively, the vigorous and the natural. There could, and ought to, blow through the song that cold winter air, that fresh Northern wind which characterizes so much both the climate and the temperament of the North. But neither should the storm howl till the very quicksilver froze and all the more tender emotions of the breast were extinguished."

"It is properly in the bearing of Fritiof's character that I have sought the solution of this problem. The noble, the high-minded, the bold—which is the great feature of all heroism—ought not of course to be missing there, and sufficient material abounded both in this and many other sagas. But together with this more general heroism, I have endeavored to invest the character of Fritiof with something individually Northern— that fresh-living, insolent, daring rashness which belongs, or at least formerly belonged to the national temperament. Ingeborg says of Fritiof (Canto 7):

'How glad, how daring, how inspired with hope,
Against the breast of norn he sets the point
Of his good sword, commanding:
"Thou shalt yield!"'

These lines contain the key to Fritiof's character and in fact to the whole poem." [Tegnér, Samlade Skrifter, II, p. 393. The entire treatise is found in English translation in Andersen's Viking Tales.]

In what manner Tegnér modernizes his story by divesting the original saga of its grotesque and repugnant features can most readily be illustrated in a comparison between his account of Fritiof's encounter with king Helge in Balder's temple (Canto 13) and the original story. The latter tells how Fritiof unceremoniously enters the temple, having first given orders that all the king's ships should be broken to pieces, and threw the tribute purse so violently at the king's nose that two teeth were broken out of his mouth and he fell into a swoon in his high seat. But as Fritiof was passing out of the temple, he saw the ring on the hand of Helge's wife, who was warming an image of Balder by the fire. He seized the ring on her hand, but it stuck fast and so he dragged her along the floor toward the door and then the image fell into the fire. The wife of Halfdan tried to come to her assistance, only to let the image she was warming by the fire fall into the flames. As the image had previously been anointed, the flames shot up at once and soon the whole house was wrapped in fire. Fritiof, however, got the ring before he went away. But as he walked out of the temple, said the people, he flung a firebrand at the roof, so that all the house was wrapped in flames. Of the violent feeling that, according to Tegnér, racked Fritiof's soul as he went into exile or of the deep sense of guilt that latter hung as a pall over his life there is no mention in the original. Here we touch upon the most thoroughgoing change that Tegnér made in the character of his hero. He invested him with a sentimentality, a disposition towards melancholy, an accusing voice of conscience that torments his soul until full atonement has been won, that are modern and Christian in essence and entirely foreign to the pagan story. On this point Tegnér: "Another peculiarity common to the people of the North is a certain disposition for melancholy and heaviness of spirit common to all deeper characters. Like some elegiac key-note, its sound pervades all our old national melodies, and generally whatever is expressive in our annals, for it is found in the depths of the nation's heart. I have somewhere or other said of Bellman, the most national of our poets:

'And work the touch of gloom his brow o'shading,
A Northern minstrel-look, a grief in rosy red!'

For this melancholy, so far from opposing the fresh liveliness and cheering vigor common to the nation, only gives them yet more strength and elasticity. There is a certain kind of life-enjoying gladness (and of this, public opinion has accused the French) which finally reposes on frivolity; that of the North is built on seriousness. And therefore I have also endeavored to develop in Fritiof somewhat of this meditative gloom. His repentant regret at the unwilling temple fire, his scrupulous fear of Balder (Canto 15) who—

'Sits in the sky, cloudy thoughts sending down,
Ever veiling my spirit in gloom',

and his longing for the final reconciliation and for calm within him, are proofs not only of a religious craving, but also and still more of a national tendency to sorrowfulness common to every serious mind, at least in the North of Europe." [Tegnér, Samlade Skrifter, II, p. 394.]

Tegnér thus found it easy to justify the sentimentality that characterizes Fritiof's love for Ingeborg, an element in Fritiofs Saga that has been most severely condemned by the critics. To the criticism that this love is too modern and Platonic, Tegnér correctly answers that reverence for the sex was from the earliest times a characteristic of the German people so that the light and coarse view that prevailed among the most cultivated nations of antiquity was a thing quite foreign to the habits of the North.

Ingeborg like Fritiof is idealized by the poet although here the departure from the original is not as wide. That delicacy of sentiment which is inseparable from Ingeborg and guides her right in the great crisis is not, he maintains, a trait merely of the woman of ancient Scandinavia but is inherent in each noble female, no matter when or where she lives. And Tegnér, who surely was no realist after the fashion of Strindberg, chooses to picture woman as she appears in her loveliest forms.

The brooding and melancholy spirit that Tegnér had infused into the soul of Fritiof had in a large measure come from his own life. The depression of mind that had cast its shadows over him in the years that saw the creation of Fritiofs Saga grew steadily worse. The period that followed immediately upon the completion of this work was filled with doubt and despair. The explanation for this must be found partly in the insidious progress of a physical disease, partly to a change of place and environment. Certain hereditary tendencies, which caused him to fear that the light of reason would desert him, also played a part in this.

In 1824 he gave up the Greek professorship at Lund to become bishop of the diocese of Växiö in the province of Småland, but the duties of the new position were not congenial to him. The spiritual and intellectual life of the diocese was on a low plane and Tegnér threw himself with tremendous earnestness into the work of reform, but the prejudice and inertia of clergy and people stood constantly in the way. In his efforts to purge the church of some unworthy ecclesiastics he encountered bitter opposition and suffered some humiliations. He took a special interest in the schools of his diocese and his many pedagogical addresses are models in point of clearness and practical good sense.

The many and varied duties imposed on him by the episcopal office, particularly official inspection trips, attendance upon the sessions of the Riksdag, and serving on numerous important committees made it impossible for Tegnér to continue his literary activities in the manner of his university days, but occasionally he would give to his countrymen a literary masterpiece that showed that the brilliant mind had not been dimmed.

His mental and physical ailments grew steadily worse and after 1840 there came periods of insanity which expressed itself in the most chimerical plans for travel, literary activities, and great national enterprises. Light came to his reason again, but his strength had been permanently broken. He died on November 2, 1846, and his body was laid to rest in the cemetery at Växiö, where a simple monument of marble and Swedish granite marks his final resting place.

FRITIOFS SAGA

I.

FRITIOF OCH INGEBORG.

Där växte uti Hildings gård 1 två plantor under fostrarns vård. Ej Norden förr sett två så sköna, de växte härligt i det gröna.

Den ena som en ek sköt fram, 2 och som en lans är hennes stam; men kronan, som i vinden skälver, liksom en hjälm sin rundel välver.

Den andra växte som en ros, 3 när vintern nyss har flytt sin kos; men våren, som den rosen gömmer, i knoppen ligger än och drömmer.

Men stormen skall kring jorden gå, 4 med honom brottas eken då, och vårsol skall på himmeln glöda, då öppnar rosen läppar röda.

Så växte de i fröjd och lek, 5 och Fritiof var den unga ek; men rosen uti dalar gröna hon hette Ingeborg den sköna.

Såg du de två i dagens ljus, 6 du tänkte dig i Frejas hus, där många litet brudpar svingar med gula hår och rosenvingar.

Men såg du dem i månens sken 7 kringdansa under lummig gren, du tänkte: Under lundens kransar älvkungen med sin drottning dansar.

Det var så glatt, det var så kärt, 8 när han sin första runa lärt. En kung var ej som han i ära; den runan fick han Ingborg lära.

Hur glättigt sam han i sin slup 9 med henne över mörkblå djup! Hur hjärtligt, när han seglen vänder, hon klappar i små vita händer!

Det fanns ej fågelbo så högt, 10 som han för henne ej besökt. Själv örnen, som i molnen gungar, blev plundrad båd' på ägg och ungar.

Det fanns ej bäck, hur strid han var, 11 varöver han ej Ingborg bar. Det är så skönt, när forsen larmar, att tryckas av små vita armar.

Den första blomma, våren fött, 12 det första smultron, som blev rött, det första ax, vars guld blev moget, dem bjöd han henne glatt och troget.—

Men barnets dagar flyga bort, 13 där står en yngling innan kort med eldig blick, som ber och hoppas, där står en mö med barm, som knoppas.

Ung Fritiof drog på jakt alltjämt; 14 den jakten skulle mången skrämt, ty utan spjut och utan klinga den djärve ville björnen tvinga.

Då kämpade de, bröst mot bröst, 15 och jägarn, segrande, fast klöst, med ludet byte kom tillbaka; hur skulle jungfrun det försaka?

Ty mannens mod är kvinnan kärt, 16 det starka är det sköna värt: de bägge passa för varannan, som hjälmen passar sig för pannan.

Men läste han i vinterkväll 17 vid eldsken ifrån spiselna häll en sång om strålande Valhalla, om gudar och gudinnor alla,

han tänkte: Gult är Frejas hår, 18 ett kornland, som för vinden går. Från det kan jag ej Ingborgs skilja, ett nät av guld kring ros och lilja.

Idunas barm är rik, och skönt 19 han hoppar under silke grönt; jag vet ett silke, där det hoppar ljusalfer två med rosenknoppar.

Och Friggas ögon äro blå 20 som himmeln till att se uppå; jag känner ögon: mot de båda är ljusblå vårdag mörk att skåda.

Vi prisas Gerdas kinder så, 21 en nyfälld snö med norrsken på? Jag kinder sett: en dag, som tänder två morgonrodnader i sänder.

Jag vet ett hjärta, lika ömt 22 som Nannas, fast ej så berömt. Med rätta prisas du av skalder, du Nannas lyckelige Balder!

O! att som du jag finge dö, 23 begråten av en trogen mö, Så öm, så trogen som din Nanna; hos Hel jag ville gärna stanna.—

Men kungadottern satt och kvad 24 en hjältesång och vävde glad i duken in den hjältens under och vågor blå och gröna lunder.

Där växte in i snövit ull 25 de sköldar utav spolat gull, och röda flögo stridens lansar, men styvt av silver var vart pansar.

Dock, hur hon väver, dag från dag, 26 får hjälten Fritiofs anletsdag, och som de blicka fram ur väven, då rodnar hon men glädes även.

Men Fritiof skär, var han går fram, 27 ett I, ett F i björkens stam. De runor gro med fröjd och gamman, liksom de ungas hjärtan, samman.

När dagen uppå fästet står, 28 världskungen med de gyllne hår, och livet rörs och mänskor vandra, då tänka de blott på varandra.

När natten uppå fästet står, 29 världsmodern med de mörka hår, och tystnad rår och stjärnor vandra, då drömma de blott om varandra.

"Du jord, som smyckar dig var vår 30 med blommor i ditt gröna hår, giv mig de skönsta! Jag vill vira en krans av dem att Fritiof sira."

"Du hav, som satt din dunkla sal 31 med pärlor full i tusental, giv mig de skönaste, de bästa! Kring Ingborgs hals vill jag dem fästa."

"Du knapp på Odens kungastol, 32 du världens öga, gyllne sol! Var du blott min, din blanka skiva till sköld jag ville Fritiof giva."

"Du lykta i Allfaders hus, 33 du måne med ditt bleka ljus! Var du blott min, jag gav dig gärna till smycke åt min sköna tärna."—

Men Hilding sade: "Fosterson, 34 den älskog vänd din håg ifrån! Ej lika falla ödets lotter, den tärnan är kung Beles dotter.

Till Oden själv i stjärnklar sal 35 uppstiger hennes ättartal; du är blott Torstens son; giv vika! ty lika trives bäst med lika."

Men Fritiof log: "Mitt ättartal 36 går nedåt i de dödas dal. Nyss slog jag skogens kung så luden, hans anor ärvde jag med huden.

Friboren man ej vika vill, 37 ty världen hör den frie till. Vad lyckan bröt, kan hon försona, och hoppet bär en konungs krona.

Högättad är all kraft, ty Tor, 38 dess ättefar, i Trudvang bor. Han väger börden ej men värdet: en väldig friare är svärdet.

Jag kämpar om min unga brud, 39 om ock det var med dundrets gud. Väx trygg, väx glad, min vita lilja, ve den, som dig och mig vill skilja!"

II.

KUNG BELE OCH TORSTEN VIKINGSSON.

Kung Bele, stödd på svärdet, i kungssal stod, 1 hos honom Torsten Vikingsson, den bonde god, hans gamle vapenbroder, snart hundraårig, och ärrig som en runsten och silverhårig.

De stodo, som bland bergen två offerhus, 2 åt hedna gudar vigda, nu halvt i grus; men visdomsrunor många på muren täljas, och höga forntidsminnen i valven dväljas.

"Det lider emot kvällen", sad' Bele kung, 3 "ej mjödet vill mig smaka, och hjälm känns tung, inför mitt öga mörkna de mänskoöden, men Valhall skiner närmre, jag anar döden.

Jag kallat mina söner och din också, 4 ty de tillsammans höra, liksom vi två. En varning vill jag giva de örnar unga, förrn orden somnat alla på död mans tunga."—

Då trädde de i salen, som kung befallt, 5 och främst bland dem gick Helge, en mörk gestalt. Han dvaldes helst bland spåmän kring altarrunden och kom med blod på händren ur offerlunden.

Därefter syntes Halvdan, ljuslockig sven; 6 vart anletsdrag var ädelt men vekligt än. Till lek han tycktes bära ett svärd vid bälte och liknade en jungfru, förklädd till hjälte.

Men efter dem kom Fritiof i mantel blå, 7 ett huvud var han högre än bägge två. Han stod emellan brödren, som dag står mogen emellan rosig morgon och natt i skogen.

"I söner", sade kungen, "min sol går ned. 8
I endräkt styren riket, i brödrafred!
Ty endräkt håller samman: hon är som ringen
på lansen; den förutan hans kraft är ingen.

Låt styrkan stå som dörrsven vid landets port 9 och friden blomstra inom å hägnad ort! Till skygd blev svärdet givet men ej till skada, och sköld är smidd till hänglås för bondens lada.

Sitt eget land förtrycker dåraktig man, 10 ty kungen kan allenast vad folket kan. Grönlummig krona vissnar, så snart som märgen i stammen är förtorkad på nakna bergen.

På pelarstoder fyra står himlens rund, 11 men tronen vilar endast på lagens grund. När våld på tinget dömer, står ofärd nära; men rätt är landets fromma och kungens ära.

Väl dväljas gudar, Helge, i disarsal, 12 men ej som snäckan dväljes i slutet skal. Så långt som dagsljus skiner, som stämma ljudar, så långt som tanke flyger, bo höge gudar.

Nog svika lungans tecken i offrad falk, 13 och flärd är mången runa, som skärs på balk; men redligt hjärta, Helge, och friskt tillika, skrev Oden fullt med runor, som aldrig svika.

Var icke hård, kung Helge, men endast fast! 14
Det svärd, som bitar skarpast, är böjligast.
Milt sinne pryder kungen, som blommor skölden,
och vårdag bringar mera än vinterkölden.

En man förutan vänner, om än så stark, 15 dör hän, som stam i öken med skalad bark. Men vänsäll man han trives som träd i lunden, där bäcken vattnar roten och storm är bunden.

Yvs ej af fädrens ära! envar har dock blott sin; 16
kan du ej spänna bågen, är han ej din.
Vad vill du med det värde, som är begravet?
Stark ström med egna vågor går genom havet.

Du Halvdan, glättigt sinne är vis mans vinst; 17 men joller höves ingen, och kungen minst. Med humle brygges mjödet, ej blott med honung; lägg stål i svärd och allvar i leken, konung!

För mycket vett fick ingen, hur vis han het, 18 men litet nog vet mången, som intet vet. Fåkunnig gäst i högbänk försmås, men vitter har ständigt lagets öra, hur lågt han sitter.

Till trofast vän, o Halvdan, till fosterbror 19 är vägen gen, om också han fjärran bor; men däremot avsides, långt hän belägen är oväns gård, om även han står vid vägen.

Välj icke till förtrogen vemhelst som vill! 20
Tomt hus står gärna öppet, men rikt stängs till.
Välj *en*, onödigt är det den andra leta,
och världen vet, o Halvdan, vad trenne veta."—

Därefter uppstod Torsten och talte så: 21
"Ej höves kung att ensam till Oden gå.
Vi delat livets skiften ihop, kung Bele,
och döden, vill jag hoppas, vi också dele.

Son Fritiof, ålderdomen har viskat mig 22 i örat mången varning, den ger jag dig. På ätthög Odens fåglar slå ned i Norden, men på den gamles läppar mångvisa orden.

Främst vörda höga gudar! ty ont och gott, 23 som storm och solsken, komma från himlen blott. De se i hjärtats lönvalv fast det är slutet, och långa år få gälda, vad stunden brutit.

Lyd kungen! *En* skall styra med kraft och vett: 24 skum natt har många ögon, men dagen ett. Helt lätt den bättre, Fritiof, fördrar den bäste, och egg har svärdet nödig men även fäste.

Hög kraft är gudars gåva; men, Fritiof, minns, 25 att styrka båtar föga, där vett ej finns. Tolvmannakraft har björnen, av *en* man slagen; mot svärdshugg hålles skölden, mot våldet lagen.

Av få den stolte fruktas men hatas av envar, 26 och övermod, o Fritiof, är fallets far. Högt såg jag mången flyga, nu stödd på krycka, ty vädret rår för årsväxt, och vind för lycka.

Dag skall du prisa, Fritiof, sen bärgad sol sig döljt, 27 och öl, när det är drucket, och råd, när följt. På mången sak förlitar sig ungersvennen, men striden prövar klingan, och nöden vännen.

Nattgammal is tro icke, ej vårdags snö, 28 ej somnad orm, ej talet av knäsatt mö; ty kvinnans bröst är svarvat på hjul, som rullar, och vankelmod bor under de liljekullar.

Du själv dör hän, och hän dör vad dig tillhör; 29 men en ting vet jag, Fritiof, som aldrig dör, och det är domen över död man: därföre vad ädelt är, du vilje, vad rätt, du göre"—

Så varnade de gamle i kungasal, 30 som skalden varnat sedan i Havamal. Från släkt till släkte gingo kärnfulla orden, och djupt ur kumlen viska de än i Norden.

Därefter talte bägge mång' hjärtligt ord 31 allt om sin trogna vänskap, berömd i Nord; hur trofast intill döden, i nöd och gamman, två knäppta händer lika, de hållit samman.

"Med rygg mot rygg vi stodo, och varifrån 32 som nornan kom, hon stötte på sköld, min son! Nu före er till Valhall vi gamle ile; men edra fäders ande på eder vile!"—

Och mycket talte kungen om Fritiofs mod, 33 om hjältekraft, som mer är än kungablod. Och mycket talte Torsten om glans, som kröner de höga Nordlands kungar, de asasöner.

"Och hållen I tillhopa, I söner tre, 34 er överman—det vet jag—skall Nord ej se; ty kraft, till kungahöghet osvikligt sluten, hon är som mörkblå stålrand, kring guldsköld gjuten.

Och halsen till min dotter, den rosenknopp! 35 I lugn, som det sig hövdes, har hon växt opp; omhägnen henne, låten ej stormen komma och fästa i sin hjälmhatt min späda blomma!

På dig, o Helge, lägger jag faderns sorg, 36 o, älska som en dotter min Ingeborg ! Tvång retar ädelt sinne, men saktmod leder båd' man och kvinna, Helge, till rätt och heder.—

Men läggen oss, I söner, i högar två 37 på var sin sida fjärden vid bölja blå; ty hennes sång är ljuvlig ännu för anden, och som ett drapa klinga dess slag vid stranden.

När månen strör kring bergen sitt bleka sken 38 och midnattsdaggen faller på bautasten, då sitta vi, o Torsten, på högar runda och spraka över vattnet om ting, som stunda.

Och nu farväl, I söner! Gån mer ej hit! 39 Vår gång är till Allfader; vi längta dit, liksom till havet längtar den trötta floden; men Frej välsigne eder, och Tor och Oden!"

III.

FRITIOF TAGER ARV EFTER SIN FADER.

Voro nu satta i hög kung Bele och Torsten den gamle, där de själva befallt:
på var sin sida om fjärden högarna lyfte sin rund, två bröst, dem döden har
åtskilt. Helge och Halvdan, på folkets beslut, nu togo i sam-arv riket efter
sin far; men Fritiof, som endaste sonen, 5 delte med ingen och fäste i lugn
sin boning på Framnäs, Tre mil sträckte sig kring den gårdens ägor: på tre
håll dalar och kullar och berg, men på fjärde sidan var havet. Björkskog
krönte de kullarnas topp, men på sluttande sidor frodades gyllene korn, och
manshög vaggade rågen. 10 Sjöar, många i tal, sin spegel höllo för bergen,
höllo för skogarna opp, i vars djup höghornade älgar hade sin kungliga gång
och drucko av hundrade bäckar. Men i dalarna vida omkring där bette i
grönskan hjordar med glänsande hull och med juver, som längta till stävan.
15 Mellan dem spriddes än hit och än dit en oräknelig skara av vitulliga får,
som du ser vitaktiga strömoln flockvis spridda på himmelens valv, när det
blåser om våren. Springare två gånger tolv, bångstyriga, fjättrade vindar,
stampande stodo i spiltornas rad och tuggade vallhö, 20 manarna knutna
med rött och hovarna blanka av järnskor. Dryckessalen, ett hus för sig själv,
var timrad av kärnfur. Ej fem hundrade män—till tio tolfter på hundrat—
fyllde den rymliga sal, när de samlats att dricka om julen. Genom salen, så
lång som han var, gick bordet av stenek, 25 bonat och blankt som av stål;
högsätes-pelarna båda stodo för ändan därav, två gudar, skurna av almträd:
Oden med härskareblick och Frej med solen på hatten. Nyss emellan de två
på sin björnhud—huden var kolsvart, gapet scharlakansrött, men klorna
skodda med silver— 30 Torsten bland vännerna satt, som gästfriheten
bland glädjen. Ofta, när månen bland skyarna flög, förtalde den gamle
under från främmande land, dem han sett, och vikingafärder fjärran i
Östervåg och i Västersaltet och Gandvik. Tyst satt lyssnande lag, och dess
blickar hängde vid gubbens 35 läppar, som bi't vid sin ros; men skalden
tänkte på Brage, när med sitt silfverskägg och med runor på tungan han
sitter under den lumimiga bok och förtäljer en saga vid Mimers evigt
sorlande våg, han själv en levande saga.

Mitt på golvet—med halm var det strött—brann lågan beständigt 40 glatt
på sin murade häll, och igenom det luftiga rökfång blickade stjärnorna in,
de himmelska vänner, i salen. Men kring väggen, på naglar av stål, där
hängde det radvis brynja och hjälm vid varann, och här och där dem
emellan blixtrade neder ett svärd, som i vinterkvällen ett stjärnskott. 45
Mera än hjälmar och svärd dock sköldarna lyste i salen, blanka som solens
rund eller månens skiva av silver. Gick där stundom en mö kring bordet

och fyllde i hornen, slog hon ögonen ned och rodnade: bilden i skölden
rodnade även som hon; det gladde de drickande kämpar.— 50

Rikt var huset: varhelst som du skådade, mötte ditt öga fyllda källrar och
proppade skåp och rågade visthus. Många klenoder jämväl där gömdes,
byten av segern, guld med runor uppå och det konstarbetade silver. Tre ting
skattades dock av all den rikedom ypperst: 55 *svärdet*, som ärvdes från fader
till son, var främst av de trenne, Angurvadel, så kallades det, och broder till
blixten. Fjärran i Österland var det smitt—som sagan förtäljer—, härdat i
dvärgarnas eld: Björn Blåtand bar det från början. Björn förlorade dock på
en gång båd' svärdet och livet 60 söder i Gröningasund, där han stridde mot
väldige Vifell. Vifell hade en son, het Viking. Men gammal och bräcklig,
bodde på Ulleråker en kung med sin blomstrande dotter. Se, då kom det ur
skogarnas djup en oskapelig jätte, högre till växten än människors ätt och
luden och vildsint, 65 fordrade envigeskamp eller kungadottern och riket.
Ingen vågade kampen likväl, ty det fanns ej ett stål, som bet på hans skalle
av järn, och därför nämndes han Järnhös. Viking allena, som nyss fyllt
femton vintrar, emottog striden, i hopp på sin arm och på Ångurvadel. I ett
hugg 70 klöv han till midjan det rytande troll och frälste den sköna. Viking
lämnade svärdet till Torsten, sin son, och från Torsten gick det till Fritiof i
arv: när han drog det, sken det i salen, liksom flöge en blixt därigenom eller
ett norrsken. Hjaltet var hamrat av guld, men runor syntes på klingan, 75
underbara, ej kända i Nord, men de kändes vid solens portar, där fäderna
bott, förrn åsarna förde dem hit upp. Matta lyste de runor alltjämt, när fred
var i landet, men när Hildur begynte sin lek, då brunno de alla röda som
hanens kam, när han kämpar: förlorad var den, som 80 mötte i slaktningens
natt den klingan med lågande runor. Svärdet var vida berömt, och av svärd
var det ypperst i Norden. Därnäst ypperst i pris var en *armring*, vida
beryktad, smidd av nordiska sagans Vulkan, av den haltande Vaulund. Tre
mark höll han i vikt, och arbetad var han av rent guld. 85 Himlen var
tecknad därpå med de tolv odödligas borgar, växlande månaders bild, men
av skalderna nämndes de solhus. Alfhem skådades där, Frejs borg: det är
solen, som nyfödd börjar att klättra igen för himmelens branter vid julen.
Sökvabäck var där också: i dess sal satt Oden hos Saga, 90 drack sitt vin ur
det gyllene kärl; det kärlet är havet, färgat med guld av morgonens glöd, och
Sagan är våren, skriven på grönskande fält med blommor i stället för runor.
Balder syntes jämväl på sin tron, midsommarens sol, som gjuter från fästet
sin rikedom ner, en bild av det goda; 95 ty det goda är strålande ljus, men
det onda är mörker. Solen tröttnar att stiga alltjämt, och det goda desslikes
svindlar på höjdernas brant: med en suck försjunka de båda neder till
skuggornas land, till Hel: det är Balder på bålet. Glitner, den fredliga borg,
sågs även: förlikande alla, 100 satt där med vågen i hand Forsete, domarn
på höstting. Dessa bilder och många ännu, som betecknade ljusets strider
på himmelens valv och i människans sinne, de voro skurna av mästarens

hand i den ringen. En präktig rubinknapp krönte dess buktiga rund, som solen kröner sin himmel. 105 Ringen var länge i släkten ett arv, ty hon ledde sin ättlängd, endast på mödernet dock, till Vaulund, räknad för stamfar. En gång stals den klenoden dock bort av rövaren Söte, svärmande kring på de nordiska hav; sen fanns han ej åter. Slutligen taltes det om, att Sote på kusten av Bretland 110 levande satt sig med skepp och med gods i sin murade gravhög; men, där fann han ej ro, och det spökade ständigt i högen. Torsten förnam det ryktet också, och med Bele besteg han draken och klöv den skummande våg och styrde till stället. Vid som ett tempelvalv, som en kungsgård, vore den bäddad 115 in i grus och grönskande torv, så välvde sig högen. Ljus ock lyste därur. Igenom en springa på porten tittade kämparna in, och det beckade vikingaskeppet stod där med ankar och master och rår; men hög i dess bakstam satt en förfärlig gestalt: han var klädd i en mantel av lågor. 120 Bister satt han och skurade där blodfläckade klingan, kunde ej skura de fläckarna bort: allt guld, som han rånat, låg i högar omkring, och ringen bar han på armen. "Stiga vi", viskade Bele, "dit ner och kämpa mot trollet, två mot en ande av eld?" Men halvvred svarade Torsten: 125 "En mot en var fädernas sed, jag kämpar väl ensam." Länge tvistades nu, vem först av de tvenne det tillkom pröva den vådliga färd; men till slut tog Bele sin stålhjälm, skakade om två lotter däri, och vid stjärnornas skimmer kände Torsten igen sin lott. För en stöt av hans järnlans 130 sprungo riglar och lås, och han nedsteg.—Frågade någon, vad han förnam i det nattliga djup, då teg han och ryste. Bele hörde dock först en sång, den lät som en trollsång; sedan förnam han ett rasslande ljud, som av klingor som korsas, sist ett gräseligt skri; då blev tyst. Ut störtade Torsten, 135 blek, förvirrad, förstörd; ty med döden hade han kämpat. Ringen bar han likväl. "Den är dyrköpt", sade han ofta, "ty jag har darrat en gång i mitt liv, och det var, när jag tog den." Smycket var vida berömt och av smycken ypperst i Norden.

Skeppet Ellida till slut var en av släktens klenoder. 140 Viking—sägs det—en gång, när han vände tillbaka från härtåg, seglade längs med sin strand; då såg han en man på ett skeppsvrak sorglöst gungande hän; det var, som han lekte med vågen. Mannen var hög och av ädel gestalt och hans anlete öppet, glatt, men föränderligt dock, likt havet, som leker i solsken. 145 Manteln var blå och bältet av guld, besatt med koraller, skägget vitt som vågornas skum, men håret var sjögrönt. Viking styrde sin snäcka däråt för att bärga den arme, tog den förfrusne hem till sin gård och förplägade gästen. Dock, när han bjöds av värden till sängs, då log han och sade: 150 "Vinden är god, och mitt skepp, som du sett, är ej att förakta; hundrade mil, det hoppas jag visst, jag seglar i afton. Tack för din bjudning ändå! den är välment; kunde jag endast ge dig ett minne av mig! men min rikedom ligger i havet; kanske finner du dock i morgon en gåva på stranden." 155 Dagen därpå stod Viking vid sjön, och si! som en havsörn, när han förföljer sitt rov, flög in i viken ett drakskepp. Ingen syntes därpå, ej en gång man märkte en styrman, rodret dock lette sin buktiga väg bland klippor och blindskär, liksom bodde en ande däri: när det nalkades stranden, 160 revade seglet sig självt, och, ej rört av människohänder, ankaret sänkte sig ned och bet med sin hulling i djupet. Stum stod Viking och såg, men då sjöngo de lekande vågor: "Bärgade Ägir ej glömmer sin skuld, han skänker dig draken." Gåvan var kunglig att se, ty de buktiga plankor av eke 165 voro ej fogade hop som annars men vuxna tillsammans. Sträckningen var som en drakes i sjön: i stammen där framme lyfte han huvudet högt, och av rött guld lågade svalget. Buken var spräcklig med blått och med gult, men baktill vid rodret slog han sin väldiga stjärt i en ringel, fjällig av silver; 170 vingarna svarta med kanter av rött; när han spände dem alla, flög han i kapp med den susande storm, men örnen blev efter. Fylldes det skeppet med väpnade män, då skulle du trott dig skåda en flytande konungastad, en simmande fästning. Skeppet var vida berömt, och av skepp var det ypperst i Norden. 175

Detta och mera därtill tog Fritiof i arv av sin fader. Knappast fanns i de nordiska land en rikare arving, om ej en konungason; ty kungars välde är ypperst. Var han ej konungason, likväl hans sinne var kungligt, vänsällt, ädelt och milt, och med var dag växte hans rykte. 180 Kämpar hade han tolv, gråhåriga furstar i idrott, faderns kamrater, med bröst av stål och med ärriga pannor. Nederst på kämparnas bänk, jämnårig med Fritiof, en yngling satt som en ros bland vissnade löv: Björn hette den unge, glad som ett barn men fast som en man och vis som en gubbe. 185 Upp med Fritiof han växt, och de blandat blod med varandra, fosterbröder på nordmannasätt, och svurit att leva samman i lust och i nöd och att hämna varandra i döden. Mitt bland kämpar och gästernas mängd, som kommit till gravöl, Fritiof, en sörjande värd, med ögon fyllda av tårar, 190 drack på fädernas vis sin faders minne och hörde skaldernas sång till hans lov, ett dundrande dräpa; men sedan steg han i faderns säte, nu hans, och satte sig neder mellan dess Oden och Frej: det är Tors plats uppe i Valhall.

IV.

FRITIOFS FRIERI.

Väl klingar sången i Fritiofs sal, 1 och skalderna prisa hans ättartal. Men sången gläder ej Fritiof, han hör ej, vad skalden kväder.

Och jorden har åter klätt sig grön, 2 och drakarna simma igen på sjön. Men hjältesonen han vandrar i skogen och ser på månen.

Nyss var han likväl så lycklig, så glad, 3 ty muntre kung Halvdan till gäst han bad och Helge dyster, och de hade med sig sin sköna syster.

Han satt vid dess sida, han tryckte dess hand 4 och kände tillbaka en tryckning ibland och såg betagen alltjämt på de kära, de ädla dragen.

De taltes vid om de glada dar, 5 då morgonens dagg låg på livet kvar, om barndomsminnen, de rosengårdar i ädla sinnen.

Hon hälsade honom från dal och park, 6 från namnen, som grodde i björkens bark, och från den kullen, där ekarna frodas i hjältemullen.

"Det var ej så trevligt i kungens gård, 7 ty Halvdan var barnslig och Helge hård. De kungasöner de höra ej annat än lov och böner.

Och ingen—här rodnade hon som en ros—, 8 åt vilken en klagan kunde förtros! I kungasalar hur kvavt var det där mot i Hildings dalar!

Och duvorna, som de matat och tämt, 9 nu voro de flugna, ty höken dem skrämt. Ett par allena var kvar; av de tvenne tag du den ena!

Den duvan hon flyger väl hem igen, 10 hon längtar, som andra, väl till sin vän. Bind under vingen en vänlig runa! det märker ingen."

Så sutto de viskande dagen om, 11 de hviskade ännu, när kvällen kom, som aftonvindar om våren viska i gröna lindar.

Men nu är hon borta, och Fritiofs mod 12 är borta med henne. Det unga blod i kinden stiger, han lågar och suckar alltjämt och tiger.

Sin sorg, sin klagan med duvan han skrev, 13 och glad for hon av med sitt kärleksbrev; men ack, tillbaka hon vände ej mer, hon blev hos sin maka.

Det väsen behagade icke Björn. 14
Han sade: "Vad fattas vår unga örn,
så tyst, så sluten?
Är bröstet träffat, är vingen skjuten?

Vad vill du? Ha vi ej i överflöd 15 det gula fläsk och det bruna mjöd och skalder många? Det tar aldrig slut på de visor långa.

Sant nog, att gångaren stampar i spilt; 16 på rov, på rov skriker falken vilt. Men Fritiof jagar i molnen allena, och tärs och klagar.

Ellida hon har ingen ro på våg, 17 hon rycker alltjämt på sitt ankartåg. Ligg still, Ellida! ty Fritiof är fredlig, han vill ej strida.

Den stråbdöd är också en död: till slut 18 jag rister, som Oden, mig själv med spjut. Det kan ej fela, vi bliva välkomna hos blåvit Hela."

Då släppte Fritiof sin drake lös, 19 och seglet svällde, och vågen fnös. Rakt över fjärden till kungens söner han styrde färden.

De sutto på Beles hög den dag 20 och hörde folket och skipade lag; men Fritiof talar: den stämman förnimmes kring berg och dalar.

"I kungar, skön Ingeborg är mig kär; 21 av eder jag henne till brud begär, och den förening hon var väl även kung Beles mening.

Han lät oss växa hos Hilding opp, 22 likt ungträn, som växa tillsammans i topp. Där ovanföre band Freja de toppar med gyllne snöre.

Min far var ej konung, ej jarl en gång, 23 dock lever hans minne i skaldens sång. Högvälvda grifter förtälja på runsten min ätts bedrifter.

Lätt kunde jag vinna mig rike och land, 24 men hellre jag blir på min fädernestrand. Där vill jag skydda så kungens gård som den ringes hydda.

Vi äro på Beles hög; han hör 25 vart ord i djupet här nedanför. Med Fritiof beder den gamle i högen: betänken eder!"—

Då reste sig Helge och talte med hån: 26
"Vår syster är ej för en bondeson.
Nordlandens drotter
må tävla, ej du, om den Valhallsdotter.

Yvs gärna att hälsas för ypperst i Nord, 27 vinn männer med handkraft och kvinnor med ord! Men Odensblodet till pris ger jag icke åt övermodet.

Mitt rike behöfver du ej ta dig an, 28 jag skyddar det själv; vill du bli min man, en plats är ledig ibland mitt husfolk, den kan jag ge dig."—

"Din man blir jag knappast", var Fritiofs svar, 29 "är man för mig själv, som min fader var. Ur silverskida flyg, Angurvadel, du får ej bida!"

I solen glänste den klinga blå, 30 och runorna lågade röda därpå. "Du Angurvadel, du är dock", sad' Fritiof, "av gammal adel.

Och vore det ej för högens fred, 31 på stället jag högge dig, svartekung, ned. Vill dock dig lära en ann' gång ej komma mitt svärd för nära."—

Så sagt, han klöv i ett hugg allen 32 kung Helges guldsköld, som hängde på gren. I två halvrundor han klang emot högen, det klang inunder.

"Väl träffat, min klinga! Ligg nu och dröm 33
om högre bedrifter; till dess förgöm
de runolågor.
Nu segla vi hem över mörkblå vågor."

V.

KUNG RING.

Och kung Ring sköt tillbaka sin guldstol från bord, och kämpar 1 och skalder uppstego att lyssna till kungens ord, berömd i Nord; han var vis som gud Mimer och from som Balder.

Hans land var som lunden, där gudar bo, och vapnen komma 2 ej inom dess gröna, dess skuggiga ro, och gräsen gro fridlysta därstädes, och rosorna blomma.

Rättvisan satt ensam, båd' sträng och huld, på domarstolen, 3 och friden betalte vart år sin skuld, och kornets guld låg strött över landet och sken i solen.

Och snäckorna kommo med bringa svart, med vita vingar, 4 från hundrade land och förde från vart mångfaldig art av rikdom, som rikdomen tingar.

Men frihet bodde hos friden kvar i glad förening, 5 och alla älskade landets far, fast en och var fritt sade på tinget sin mening.

I tretti vintrar han fredlig och säll styrt Nordlands söner, 6 och ingen gått missnöjd hem till sitt tjäll, och varje kväll hans namn gick till Oden med folkets böner.

Och kung Ring sköt tillbaka sin guldstol från bord, och alla glade 7 uppstego att lyssna till kungens ord, berömd i Nord; men han suckade djupt och talte och sade:

"Min drottning sitter i Folkvangs loft på purpurtäcken, 8 men här är det gräs över hennes stoft, och blomsterdoft kringånga dess gravhög vid bäcken.

Ej får jag drottning så god, så skön, mitt rikes ära. 9 Till gudarna gick hon, till Valhalls lön; men landets bön, och barnens, en moder begära.

Kung Bele, som ofta kom till min sal med sommarvinden, 10 har lämnat en dotter; hon är mitt val, den lilja smal med morgonrodnad på kinden.

Jag vet, hon är ung, och den unga mö helst blomman plockar; 11 men jag gått i frö, och vintrarna strö alltren sin snö i kungens de glesnade lockar.

Men kan hon älska en redlig man med vitt i håren, 12 och vill hon ta sig de späda an, vars mor försvann, så bjuder Hösten sin tron åt Våren.

Ta'n guld ur valven, ta'n smycken åt brud ur skåp af eke; 13 och följen, I skalder, med harpoljud, ty sångens gud är med då vi frie, är med då vi leke!"—

Och ut drogo svenner med buller och bång, 14 med guld och böner, och skalderna följde, en rad så lång, med hjältesång, och ställde sig fram för kung Beles söner.

De drucko i dagar, de drucko i tre, men på den fjärde, 15 vad svar kung Helge dem månde ge, åtsporde de, ty nu de ville å färde.

Kung Helge han offrar båd' falk och häst i lunden gröna, 16 han spörjer båd' vala och offerpräst, vad som var bäst allt för hans syster, den sköna.

Men lungorna nekade bifall alltjämt, som präst och vala, 17 och då gav kung Helge, den tecknen skrämt, sitt nej bestämt, ty mänskan bör lyda, då gudar tala.

Men muntre kung Halvdan han log och sad': "Farväl med festen! 18
Kung Gråskägg själv bort rida åstad,
jag hulpit glad
den hedersgubben på hästen."

Förbittrade draga de sändmän bort och budskap bära 19 om kungens skymf; men han svarar dem torrt, att inom kort kung Gråskägg skall hämna sin ära.

Han slog sin härsköld, som hängde å stam i höga linden. 20 Då simma drakar på vågen fram med blodröd kam, och hjälmarna nicka i vinden.

Och härbud flögo till Helges gård, som sade dyster: 21 "Kung Ring är mäktig, den strid blir hård; i Balders vård, i templet jag sätter min syster."

Där sitter den älskande vemodsfull å fridlyst tilja. 22 Hon sömmar i silke, hon sömmar i gull och gråter full sin barm: det är dagg över lilja.

VI.

FRITIOF SPELAR SCHACK.

Björn och Fritiof sutto båda 1 vid ett schackbord, skönt att skåda. Silver var varannan ruta, och varannan var av guld.

Då steg Hilding in. "Sitt neder! 2 Upp i högbänk jag dig leder, töm ditt horn, och låt mig sluta spelet, fosterfader huld!"

Hilding kvad: "Från Beles söner 3 kommer jag till dig med böner. Tidningarna äro onde, och till dig står landets hopp."

Fritiof kvad: "Tag dig till vara, 4
Björn, ty nu är kung i fara.
Frälsas kan han med en bonde:
den är gjord att offras opp."

"Fritiof, reta icke kungar! 5 Starka växa örnens ungar: fast mot Ring de aktas svaga, stor är deras makt mot din."

"Björn, jag ser, du tornet hotar, 6 men ditt anfall lätt jag motar. Tornet blir dig svårt att taga, drar sig i sin sköldborg in."

"Ingeborg i Baldershagen 7 sitter och förgråter dagen. Kan *hon* dig till strids ej locka, gråterskan med ögon blå?"

"Drottning, Björn, du fåfängt jagar, 8 var mig kär från barndomsdagar; hon är spelets bästa docka, hur det går, *hon* räddas må."

"Fritiof, vill du icke svara? 9 Skall din fosterfader fara ohörd från din gård, emedan ej ett dockspel vill ta slut?"

Då steg Fritiof upp och lade 10
Hildings hand i sin och sade:
"Fader, jag har svarat redan,
du har hört min själs beslut.

Rid att Beles söner lära, 11 vad jag sagt! De kränkt min ära, inga band vid dem mig fästa, aldrig blir jag deras man."

"Väl, din egen bana vandra! 12
Ej kan jag din vrede klandra;
Oden styre till det bästa!"
sade Hilding och försvann.

VII.

FRITIOFS LYCKA.

Kung Beles söner gärna dragé 1 från dal till dal att be om svärd! Mitt få de ej; i Balders hage där är min valplats, är min värld. Där vill jag ej tillbaka blicka på kungars hämnd, på jordens sorg, men endast gudars glädje dricka tvemännings med min Ingeborg.

Så länge ännu solen tömmer 2 sin purpurglans på blomstren varm, likt rosenfärgat skir, som gömmer en blomstervärld, min Ingborgs barm; så länge irrar jag på stranden, av längtan, evig längtan tärd, och ritar suckande i sanden det kära namnet med mitt svärd.

Hur långsamt gå de tröga stunder! 3 Du Dellings son, vi dröjer du? Har du ej skådat berg och lunder och sund och öar förrän nu? Bor ingen mö i västersalar, som väntar dig för länge sen och flyger till ditt bröst och talar om kärlek först, om kärlek sen?

Dock äntligt trött av vägens möda, 4 du sjunker ned ifrån din höjd, och kvällen drar det rosenröda sparlakanet för gudars fröjd. Om kärlek viska jordens floder, om kärlek viskar himlens fläkt. Välkommen, natt, du gudars moder, med pärlor på din bröllopsdräkt!

Hur tyst de höga stjärnor skrida, 5 likt älskarn till en mö på tå! Flyg över fjärden, min Ellida! Skjut på, skjut på, du bölja blå! Där borta ligga gudens lunder, till goda gudar styra vi, och Balderstemplet står därunder, med kärlekens gudinna i.

Hur lycklig träder jag på stranden! 6 Du jord, jag ville kyssa dig, och er, I blommor små, som randen med vitt och rött den krökta stig! Du måne, somj ditt skimmer tömmer kring lund och tempel, hög och vård, hur skön du sitter där och drömmer, lik Saga i en bröllopsgård!

Vem lärde dig, du bäck, som talar 7 med blommorna, min känslas röst? Vem gav er, Nordens näktergalar, den klagan, stulen ur mitt bröst? Med kvällens rodnad alfer måla min Ingborgs bild på mörkblå duk; den bilden kan ej Freja tåla, hon blåser bort den, avundsjuk.

Dock, gärna hennes bild försvinne! 8 Där är hon själv, som hoppet skön och trogen som ett barndomsminne; hon kommer med min kärleks lön. Kom, älskade, och låt mig trycka dig till det hjärta, du är kär! Min själs begär, min levnads lycka, kom i min famn och vila där!

Så smärt som stjälken av en lilja, 9 så fyllig som en mognad ros! Du är så ren som gudars vilja och dock så varm, som Freja tros. Kyss mig, min sköna! Låt min låga få genomströmma även dig! Ack! jordens rund och himmelns båga försvinna, när du kysser mig.

Var icke rädd, här finns ej fara; 10 Björn står där nere med sitt svärd, med kämpar nog att oss försvara, om det behövdes, mot en värld. Jag själv, o att jag strida finge för dig, som jag dig håller nu! Hur lycklig jag till Valhall ginge, om min valkyria vore du!

Vad viskar du om Balders vrede? 11 Han vredgas ej, den fromme gud, den älskande, som vi tillbede, vårt hjärtas kärlek är hans bud: den gud med solsken på sin panna, med evig trohet i sin barm: var ej hans kärlek till sin Nanna, som min till dig, så ren, så varm?

Där står hans bild, han själv är nära, 12 hur milt han ser på mig, hur hult! Till offer vill jag honom bära ett hjärta varmt och kärleksfullt. Böj knä med mig! Ej bättre gåva, ej skönare för Balder fanns än tvenne hjärtan, vilka lova varann en trohet, fast som hans.

Till himmeln mera än till jorden 13 min kärlek hör, försmå ej den! I himmeln är han ammad vorden och längtar till sitt hem igen. O den som ren däruppe vore! O den som nu med dig fick dö och segrande till gudar före i famnen på sin bleka mö!

När då de andra kämpar rida 14 ur silverportarna till krig, jag skulle sitta vid din sida, en trogen vän, och se på dig. När Valhalls mor kring bordet bringa de mjödhorn med sitt skum av gull, med dig jag ensamt skulle klinga och viska öm och kärleksfull.

En lövsal ville jag oss bygga 15 på näset vid en mörkblå bukt. Där låge vi i skuggan trygga av lunden med den gyllne frukt. När Valhalls sol sig återtände —hur klart, hur härligt är dess bloss!— till gudarna vi återvände, och längtade dock hem till oss.

Med stjärnor skulle jag bekransa 16 din panna, dina lockars glöd; i Vingolvs sal jag skulle dansa min bleka lilja rosenröd; till dess jag dig ur dansen droge till kärlekens, till fridens tjäll, där silverskäggig Brage sloge din brudsång ny för varje kväll.

Hur vakan sjunger genom lunden! 17 Den sången är från Valhalls strand. Hur månen skiner över sunden! Han lyser ur de dödas land. Den sången och det ljuset båda en värld av kärlek utan sorg; den världen ville jag väl skåda med dig, med dig, min Ingeborg!

Gråt icke! Ännu livet strömmar 18 i mina ådror, gråt ej så! Men kärlekens och mannens drömmar kringsvärma gärna i det blå. Ack, blott din famn mot mig du breder, blott dina ögon se på mig, hur lätt du lockar svärmarn neder från gudars salighet till dig!—

"Tyst, det är lärkan." Nej, en duva 19 i skogen kuttrar om sin tro; men lärkan slumrar än på tuva hos maken i sitt varma bo. De lyckliga! dem skiljer ingen, när dagen kommer eller far, men deras liv är fritt som vingen, som bär i skyn det glada par.

"Se, dagen gryr." Nej, det är flamman 20 av någon vårdkas öster ut. Ännu vi kunna språka samman, än har den kära natt ej slut. Försov dig, dagens gyllne stjärna, och morgna sen dig långsamt till! För Fritiof må du sova gärna till Ragnarök, om du så vill.

Dock, det är fåfängt till att hoppas; 21 där blåser ren en morgonvind, och redan österns rosor knoppas så friska som på Ingborgs kind. En vingad sångarskara kvittrar —en tanklös hop—i klarnad sky, och livet rörs, och vågen glittrar, och skuggorna och älskarn fly.

Där kommer hon i all sin ära! 22 Förlåt mig, gyllne sol, min bön! Jag känner det, en gud är nära, hur präktig är hon dock, hur skön! O, den som fram i banan trädde så väldig, som du träder nu, Och stolt och glad sin levnad klädde i ljus och seger liksom du!

Här ställer jag inför ditt öga 23 det skönaste, du sett i Nord. Tag henne i din vård, du höga! Hon är din bild på grönklädd jord. Dess själ är ren som dina strålar, dess öga som din himmel blått, och samma guld, din hjässa målar, har hon i sina lockar fått.

Farväl, min älskade! En annan, 24 en längre natt vi ses igen. Farväl! Ännu en kyss på pannan och en på dina läppar än! Sov nu, och dröm om mig och vakna vid middag; och med trogen själ tälj timmarna som jag, och sakna och brinn som jag! Farväl, farväl!

VIII.

AVSKEDET.

Ingeborg. Det dagas ren, och Fritiof kommer icke! I går likväl var redan tinget utlyst på Beles hög: den platsen valdes rätt; hans dotters öde skulle där bestämmas. Hur många böner har det kostat mig, 5 hur många tårar, räknade av Freja, att smälta hatets is kring Fritiofs hjärta och locka löftet från den stoltes mun att åter bjuda handen till försoning! Ack! mannen är dock hård, och för sin ära 10 —så kallar han sin stolthet—räknar han ej just så noga, om han skulle krossa ett troget hjärta mera eller mindre. Den arma kvinnan, sluten till hans bröst, är som en mossväxt, blommande på klippan 15 med bleka färger: blott med möda håller den obemärkta sig vid hällen fast, och hennes näring äro nattens tårar.

I går alltså blev då mitt öde avgjort, och aftonsolen har gått ner däröver. 20 Men Fritiof kommer ej! De bleka stjärnor. en efter annan, slockna och försvinna, och med varenda utav dem, som släcks, går en förhoppning i mitt bröst till graven. Dock, varför också hoppas? Valhalls gudar 25 ej älska mig, jag har förtörnat dem. Den höge Balder, i vars skygd jag vistas, är förolämpad, ty en mänsklig kärlek är icke helig nog för gudars blickar; och jordens glädje får ej våga sig 30 inunder valven, där de allvarsamma, de höga makter ha sin boning fäst. —Och likafullt, vad är mitt fel, vi vredgas den fromme guden öfver jungfruns kärlek? Är han ej ren som Urdas blanka våg, 35 ej oskuldsfull som Geflons morgondrömmar? Den höga solen vänder icke bort från tvenne älskande sitt rena öga; och dagens änka, stjärnenatten, hör mitt i sin sorg med glädje deras eder. 40 Vad som är lovligt under himmelns valv, hur blev det brottsligt under tempelvalvet? Jag älskar Fritiof. Ack, så långt tillbaka, som jag kan minnas, har jag älskat honom; den känslan är ett årsbarn med mig själv; 45 jag vet ej, när hon börjat, kan ej ens den tanken fatta, att hon varit borta. Som frukten sätter sig omkring sin kärna och växer ut och rundar omkring henne i sommarsolens sken sitt klot av guld: 50 så har jag även vuxit ut och mognat omkring den kärnan, och mitt väsen är det yttre skalet endast av min kärlek. Förlåt mig, Balder! Med ett troget hjärta jag trädde i din sal, och med ett troget 55 vill jag gå därifrån: jag tar det med mig utöver Bifrosts bro och ställer mig med all min kärlek fram för Valhalls gudar. Där skall han stå, en asason som de, och spegla sig i sköldarna och flyga 60 med lösta duvovingar genom blå, oändlig rymd uti Allfaders sköte, varfrån han kommit.—Varför rynkar du i morgongryningen din ljusa panna? I mina ådror flyter, som i dina, 65 den gamle Odens blod. Vad vill du, frände? Min kärlek kan jag icke offra dig, vill det ej ens; han är din himmel värdig. Men väl jag offra kan min levnads lycka, kan kasta bort den, som en drottning kastar 70 sin mantel från sig och är likafullt densamma, som hon var.—Det är beslutat! Det höga Valhall skall ej blygas för sin fränka: jag vill gå emot mitt öde, som hjälten går mot sitt.—Där kommer Fritiof. 75 Hur vild, hur blek! Det är förbi, förbi! Min vreda norna kommer jämte honom. Var stark, min själ!—Välkommen, sent omsider! Vårt öde är bestämt, det står att läsa uppå din panna. 80

Fritiof. Stå där icke även blodröda runor, talande om skymf och hån och landsflykt?

Ingeborg. Fritiof, sansa dig, berätta vad som hänt! Det värsta anar 85 jag länge sen, jag är beredd på allt.

Fritiof. Jag kom till tinget uppå ättehögen, och kring dess gröna sidor, sköld vid sköld och svärd i handen, stodo Nordens män, den ena ringen innanför den andra, 90 upp emot toppen; men på domarstenen, mörk som ett åskmoln, satt din broder Helge, den bleke blodman med de skumma blickar; och jämte honom, ett fullvuxet barn, satt Halvdan, tanklöst lekande med svärdet. 95 Då steg jag fram och talte: "Kriget står och slår på härsköld invid landets gränser; ditt rike, konung Helge, är i fara: giv mig din syster, och jag lånar dig min arm i striden, den kan bli dig nyttig. 100 Låt grollet vara glömt emellan oss! Ej gärna när jag det mot Ingborgs broder. Var billig, konung, rädda på en gång din gyllne krona och din systers hjärta! Här är min hand. Vid Asa-Tor, det är 105 den sista gång hon bjuds dig till försoning."— Då blev ett gny på tinget. Tusen svärd sitt bifall hamrade på tusen sköldar, och vapenklangen flög mot skyn, som glad drack fria männers bifall till det rätta. 110 "Giv honom Ingeborg, den smärta liljan, den skönaste, som växt i våra dalar; han är den bästa klingan i vårt land, giv honom Ingeborg!"—Min fosterfader, den gamle Hilding, med sitt silverskägg, 115 steg fram och höll ett tal, av vishet fullt, med korta kärnspråk, klingande som svärdshugg; och Halvdan själv ifrån sitt kungasäte sig reste, bedjande med ord och blickar. Det var förgäves; varje bön var spilld, 120 liksom ett solsken, slösat bort på klippan, det lockar ingen växt från hennes hjärta; och konung Helges anlet blev sig likt: ett bleklagt nej på mänsklighetens böner. "Åt bondesonen—sade han föraktligt— 125 jag kunnat Ingborg ge, men tempelskändarn syns mig ej passa för Valhalladottern. Har du ej, Fritiof, brutit Balders fred? Har du ej sett min syster i hans tempel, när dagen gömde sig för edert möte? 130 Ja eller nej!" Då skallade ett rop ur mannaringen: "Säg blott nej, säg nej! Vi tro dig på ditt ord, vi fria för dig, du Torstens son, så god som kungasonen; säg nej, säg nej, och Ingeborg är din!"— 135 "Min levnads lycka hänger på ett ord — sad' jag—, men frukta ej för det, kung Helge! Jag vill ej ljuga mig till Valhalls glädje, och ej till jordens. Jag har sett din syster, har talt med henne uti templets natt, 140 men Balders fred har jag ej därför brutit."— Jag fick ej tala mer. Ett sorl av fasa flög tinget genom: de, som stodo närmast, sig drogo undan, liksom för en pestsjuk; och när jag såg mig om, den dumma vantron 145 förlamat varje tunga, kalkat vit var kind, nyss blossande av glad förhoppning. Då segrade kung Helge. Med en röst så hemsk, så dyster som den döda valans i Vegtamskvida, när hon sjöng för Oden 150 om åsars ofärd och om Helas seger, så hemskt han talte: "Landsflykt eller död jag kunde sätta, efter fädrens lagar, uppå ditt brott; men jag vill vara mild, som Balder är, vars helgedom du skymfat. 155 I Västerhavet ligger det en krans av öar, dem jarl Angantyr behärskar. Så länge Bele levde, jarlen gav vart år sin skatt; sen har den uteblivit. Drag öfver böljan hän och indriv skatten! 160 det är den bot, jag fordrar för din djärvhet. Det sägs—tillade han med nedrigt hån—, att Angantyr är hårdhänt, att han ruvar som draken Fafner på sitt guld, men vem står mot vår nye Sigurd Fafnesbane? 165 En mera manlig bragd försöke du än dåra jungfrur uti Balders hage! Till nästa sommar vänta vi dig här med all din ära, framför allt med skatten. Om icke, Fritiof, är du var mans niding 170 och för din livstid fridlös i vårt land."— Så var hans dom, och härmed löstes tinget.

Ingeborg. Och ditt beslut?

Fritiof.
       Har jag väl mer ett val? 175
Är ej min ära bunden vid hans fordran?
Den skall jag lösa, om ock Angantyr
förgömt sitt lumpna guld i Nastrands floder.
I dag ännu far jag.

Ingeborg.
       Och lämnar mig?

Fritiof. Nej, icke lämnar dig, du följer med. 180

Ingeborg. Omöjligt!

Fritiof. Hör mig, hör mig, förrn du svarar! Din vise broder Helge tycks ha glömt, att Angantyr var vän utav min fader, liksom av Bele; kanske giver han 185 med godo vad jag fordrar; men om icke, en väldig övertalare, en skarp, har jag, han hänger vid min vänstra sida. Det kära guldet skickar jag till Helge, och därmed löser jag oss bägge från 190 den krönte hycklarns offerkniv för alltid. Men själva, sköna Ingborg, hissa vi Ellidas segel över okänd våg; hon gungar oss till någon vänlig strand, som skänker fristad åt en bil tog kärlek. 195 Vad är mig Norden, vad är mig ett folk, som bleknar för ett ord av sina diar och vill med fräcka händer gripa i mitt hjärtas helgedom, mitt väsens blomkalk? Vid Freja, det skall icke lyckas dem. 200 En usel träl är bunden vid den torva, där han blef född, men jag vill vara fri, så fri som bergens vind. En handfull stoft utav min faders hög och en av

Beles få ännu rum om skeppsbord; det är allt 205 vad vi behöva utav fosterjorden. Du älskade, det finns en annan sol än den, som bleknar över dessa snöberg; det finns en himmel, skönare än här, och milda stjärnor med gudomlig glans 210 se ner därfrån i varma sommarnätter, i lagerlundar på ett troget par. Min fader, Torsten Vikingsson, for vida omkring i härnad och förtalte ofta vid brasans sken i långa vinterkvällar 215 om Greklands hav och öarna däri, de gröna lunder i den blanka böljan. Ett mäktigt släkte bodde fordom där och höga gudar uti marmortempel. Nu stå de övergifna, gräset frodas 220 å öde stigar, och en blomma växer ur runorna, som tala forntids vishet; och smärta pelarstammar grönska där, omlindade av Söderns rika rankor. Men runtomkring bär jorden av sig själv 225 en osådd skörd, vad människan behöfver, och gyllne äpplen glöda mellan löven, och röda druvor hänga på var gren och svälla yppiga som dina läppar. Där, Ingeborg, där bygga vi i vågen 230 ett litet Norden, skönare än här; och med vår trogna kärlek fylla vi de lätta tempelvalven, fägna än med mänsklig lycka de förgätna gudar. När seglarn då med slappa dukar gungar 235 —ty stormen trivs ej där—förbi vår ö i aftonrodnans sken och blickar glad från rosenfärgad bölja upp mot stranden, då skall han skåda uppå templets tröskel den nya Freja—Afrodite, tror jag, 240 hon nämns i deras språk— och undra på de gula lockar, flygande i vinden, och ögon, ljusare än Söderns himmel. Och efter hand kring henne växer opp ett litet tempelsläkte utav alfer 245 med kinder, där du tror att Södern satt i Nordens drivor alla sina rosor.— Ack, Ingeborg, hur skön, hur nära står all jordisk lycka för två trogna hjärtan! Blott de ha mod att gripa henne fatt, 250 hon följer villigt med och bygger dem ett Vingolv redan här inunder molnen. Kom, skynda! varje ord, som talas än, tar bort ett ögonblick ifrån vår sällhet. Allt är berett, Ellida spänner redan 255 de mörka örnevingarna till flykt, och friska vindar visa vägen från, för evigt från den vantrofyllda stranden. Vi dröjer du?

Ingeborg.
      Jag kan ej följa dig. 270

Fritiof. Ej följa mig?

Ingeborg. Ack, Fritiof, du är lycklig! Du följer ingen, du går själv förut, som stammen på ditt drakskepp, men vid rodret din egen vilja står och styr din fart 265 med stadig hand utöver vreda vågor. Hur annorlunda är det ej med mig! Mitt öde vilar uti andras händer, de släppa ej sitt rov, fastän det blöder; och offra sig och klaga och förtyna 270 i långsam sorg är kungadotterns frihet.

Fritiof. Är du ej fri, så snart du vill?—I högen din fader sitter.

Ingeborg. Helge är min fader, är i min faders ställe; av hans bifall 275 beror min hand, och Beles dotter stjäl sin lycka ej, hur nära ock den ligger. Vad vore kvinnan, om hon slet sig lös ifrån de band, varmed Allfader fäst invid den starke hennes svaga väsen? 280 Den bleka vattenliljan liknar hon: med vågen stiger hon, med vågen faller, och seglarns köl går över henne fram och märker icke, att han skär dess stängel. Det är nu hennes öde; men likväl, 285 så länge roten hänger fast i sanden, har växten än sitt värde, lånar färgen av bleka syskonstjärnor ovanfrån, en stjärna själv uppå de blåa djupen. Men rycker hon sig lös, då driver hon, 290 ett vissnat blad, omkring den öde böljan. Förliden natt—den natten var förfärlig, jag väntade dig ständigt, och du kom ej, och nattens barn, de allvarsamma tankar med svarta lockar, gingo jämt förbi 295 mitt vakna öga, brinnande och tårlöst; och Balder själv, blodlöse guden, såg med blickar fulla utav hot uppå mig— förliden natt har jag betänkt mitt öde, och mitt beslut är fattat: jag blir kvar, 300 ett lydigt offer vid min broders altar. Dock var det väl, att jag ej hört dig då med dina öar, diktade i molnen, där aftonrodnan ligger ständigt kring en enslig blomstervärld av frid och kärlek. 305 Vem vet, hur svag man är? Min barndoms drömmar, de länge tystade, stå upp igen och viska i mitt öra med en röst så välbekant, som vore det en systers, så öm, som vore det en älskares. 310 Jag hör er icke, nej, jag hör er icke, I lockande, I fordom kära stämmor! Vad skulle jag, ett Nordens barn, i Södern? Jag är för blek för rosorna däri, för färglöst är mitt sinne för dess glöd, 315 det skulle brännas av den heta solen, och längtansfullt mitt öga skulle se mot Nordens stjärna, vilken står alltjämt, en himmelsk skiltvakt, över fädrens gravar. Min ädle Fritiof skall ej flykta från 320 det kära land han föddes att försvara, skall icke kasta bort sitt rykte för en sak så ringa som en flickas kärlek. Ett liv, där solen spinner, år från år, den ena dagen alltid lik den andra, 325 ett skönt men evigt enahanda är för kvinnan endast; men för mannens själ, och helst för din, blev livets stiltje tröttsam. Du trives bäst, där stormen tumlar kring på skummig gångare utöver djupen 330 och på din planka, uppå liv och död, du kämpa får med faran om din ära. Den sköna öknen, som du målar, bleve en grav för bragder, icke födda än, och med din sköld förrostades jämväl 335 ditt fria sinne. Så skall det ej vara! Ej skall jag stjäla bort min Fritiofs namn ur skaldens sånger, icke jag skall släcka min hjältes ära i dess morgonrodnad. Var vis, min Fritiof, låt oss vika för 340 de höga nornor, låt oss rädda ur vårt ödes skeppsbrott dock ännu vår ära, vår levnads lycka kan ej räddas mer: vi *måste* skiljas.

Fritiof.
              Varför måste vi? 345
För det en sömnlös natt förstämt ditt sinne!

Ingeborg. För det mitt värde räddas bör och ditt. *Fritiof.* På mannens kärlek vilar kvinnans värde.

Ingeborg. Ej länge älskar han den, han ej aktar.

Fritiof. Med lösa nycker vinns hans aktning ej. 350

Ingeborg. En ädel nyck är känslan av det rätta.

Fritiof. Vår kärlek stridde ej mot den i går.

Ingeborg. I dag ej heller, men vår flykt dess mera.

Fritiof. Nödvändigheten bjuder henne, kom!

Ingeborg. Vad som är rätt och ädelt, är nödvändigt. 355

Fritiof. Högt rider solen, tiden går förbi.

Ingeborg. Ve mig, han är förbi, förbi för alltid!

Fritiof. Besinna dig, är det ditt sista ord?

Ingeborg. Jag har besinnat allt, det är mitt sista.

Fritiof. Välan, farväl, farväl, kung Helges syster! 360

Ingeborg. O Fritiof, Fritiof, skola *så* vi skiljas? Har du ej någon vänlig blick att ge åt barndomsvännen, ingen hand att räcka åt den olyckliga, du älskat förr? Tror du, jag står på rosor här och visar 365 min levnads lycka leende ifrån mig och sliter utan smärta ur mitt bröst ett hopp, som växt tillhopa med mitt väsen? Var icke du mitt hjärtas morgondröm? Var glädje, som jag kände, hette Fritiof, 370 och allt, vad livet stort och ädelt har, tog dina anletsdrag inför mitt öga. Fördunkla ej den bilden för mig, möt med hårdhet ej den svaga, när hon offrar, vad henne kärast var på jordens rund, 375 vad henne kärast blir i Valhalls salar! Det offret, Fritiof, är nog tungt ändå; ett ord till tröst det kunde väl förtjäna. Jag vet, du älskar mig, har vetat det, alltsen mitt väsen började att dagas, 380 och säkert följer dig din Ingborgs minne i många år ännu, varthelst du far. Men vapenklangen dövar sorgen dock, hon blåser bort uppå de vilda vågor och törs ej sätta sig på kämpens bänk, 385 vid dryckeshornet firande sin seger. Blott då och då, när uti nattens frid du mönstrar än en gång förflutna dagar, då skymtar fram bland dem en bleknad bild: du känner honom väl, han hälsar dig 390 från kära trakter, det är bilden av den bleka jungfrun uti Balders hage. Du må ej visa honom bort, fastän han blickar sorgligt, du må viska honom ett vänligt ord i örat: nattens vindar 395 på trogna vingar föra det till mig, *en* tröst likväl, jag har ej någon annan!— För mig är intet, som förströr min saknad; i allt, som omger mig, har hon en målsman. De höga tempelvalven tala blott 400 om dig, och gudens bild, som skulle hota, tar dina anletsdrag, när månen skiner. Ser jag åt sjön, där sam din köl och skar i skum sin väg till längterskan på stranden. Ser jag åt lunden, där står mången stam 405 med Ingborgs runor ritade i barken. Nu växer barken ut, mitt namn förgås, och det betyder döden, säger sagan. Jag frågar dagen, var han såg dig sist, jag frågar natten, men de tiga still, 410 och havet självt, som bär dig, svarar på min fråga endast med en suck mot stranden. Med aftonrodnan skall jag skicka dig en hälsning, när hon släcks i dina vågor, och himmelns långskepp, molnen, skola ta 415 ombord en klagan från den övergivna. Så skall jag sitta i min jungfrubur, en svartklädd änka efter livets glädje, och sömma brutna liljor uti duken, tills en gång våren vävt sin duk och sömmar 420 den full med bättre liljor på min grav. Men tar jag harpan för att sjunga ut oändlig smärta uti djupa toner, då brister jag i gråt, som nu——

Fritiof. Du segrar, Beles dotter, gråt ej mera! 425 Förlåt min vrede; det var blott min sorg, som för ett ögonblick tog vredens dräkt; den dräkten kan hon icke bära länge. Du är min goda norna, Ingeborg: vad ädelt är, lär bäst ett ädelt sinne. 430 Nödvändighetens vishet kan ej ha en bättre förespråkerska än dig, du sköna vala med de rosenläppar! Ja, jag vill vika för nödvändigheten, vill skiljas från dig men ej från mitt hopp; 435 jag tar det med mig över västervågor, jag tar det med mig intill gravens port. Med nästa vårdag är jag här igen; kung Helge, hoppas jag, skall se mig åter. Då har jag löst mitt löfte, fyllt hans fordran, 440 försont jämväl det brott, man diktat på mig; och då begär jag, nej, jag fordrar dig på öppet ting emellan blanka vapen, ej utav Helge men av Nordens folk; det är din giftoman, du kungadotter! 445 Jag har ett ord att säga den, som vägrar. Farväl till dess, var trogen, glöm mig ej, och tag, till minne av vår barndomskärlek, min armring bär, ett skönt vaulunderverk, med himlens under ritade i guldet 450 —det bästa undret är ett troget hjärta—. Hur skönt han passar till din vita arm, en lysmask lindad kring en liljestängel! Farväl, min brud, min älskade, farväl, om några måna'r är det annorlunda! 455

(Går.)

Ingeborg.

Hur glad, hur trotsig, hur förhoppningsfull han sätter spetsen av sitt goda svärd på nornans bröst och säger: Du skall vika! Du arme Fritiof, nornan viker ej, hon går sin gång och ler åt Angurvadel. 460 Hur litet känner du min mörke broder! Ditt öppna hjältesinne fattar ej det dystra djupet utav hans och hatet, som glöder i hans avundsjuka barm. Sin systers hand ger han dig aldrig; förr 465 han ger sin krona, ger sitt liv till spillo och offrar mig åt gamle Oden eller åt gamle Ring, som nu han kämpar mot.— Varhelst jag ser, finns intet hopp för mig; dock är jag glad, det lever i ditt hjärta. 470 Jag vill behålla för mig själv min smärta, men alla goda gudar följe dig! Här på din armring dock sig räkna låter var särskild månad av en långsam sorg; två, fyra, sex, då kan du vara åter 475 men finner icke mer din Ingeborg.

IX.

INGEBORGS KLAGAN.

Nu är det höst, 1 stormande häver sig havets bröst. Ack, men hur gärna jag sute ändå där ute!

Länge jag såg 2
seglet i väster, det flög på sin våg.
Ack, det är lyckligt, får följa
Fritiof på bölja.

Bölja, du blå, 3 sväll ej så högt det går fort nog ändå. Lysen, I stjärnor, och sägen seglaren vägen!

När det blir vår, 4 kommer han hem, men den älskade går ej till hans möte i salen, icke i dalen;

ligger i mull, 5 bleknad och kall för sin kärleks skull, eller hon klagar och blöder, offrad av bröder.—

Falk som han glömt! 6
Du skall bli min, jag vill älska dig ömt.
Själv vill jag mata för ägarn
vingade jägarn.

Här på hans hand 7 virkar jag in dig i dukens rand, vingar av silver och rika guldklor tillika.

Falkvingar tog 8 Freja en gång och kring rymderna drog, sökte i norr och i söder älskade Öder.

Länte du ock 9 vingarna ut, du ej bure mig dock. Döden allena mig bringar gudarnas vingar.

Jägare skön, 10 sitt på min skuldra och blicka åt sjön! Ack, hur vi längte och blicke, kommer han icke.

När jag är död, 11 kommer han säkert; minns då, vad jag bjöd: hälsa och hälsa du åter Fritiof, som gråter!

X.

FRITIOF PÅ HAVET.

Men på stranden stod 1 kung Helge och kvad med förbittrat mod, och till trollen han bad.

Se, då mörknar himlabågen, dundret går kring öde rum, och i djupet kokar vågen, och dess yta höljs med skum. Blixtarna i molnen draga här och där en blodig rand, alla havets fåglar jaga skrikande emot sin strand.

"Hårt blir vädret, bröder! Stormens vingar hör jag flaxande i fjärran, men vi blekna ej. Sitt du lugn i lunden, tänk på mig och längta, skön i dina tårar, sköna Ingeborg!"

Mot Ellidas stam 2 drog ett trollpar till fejd. Det var vindkall Ham, det var snöig Hejd.

Och då lösas stormens vingar, och den vilde doppar dem än i djupet, än han svingar virvlande mot gudars hem. Alla fasans makter skrida, ridande på vågens topp, ur den skummiga, den vida, bottenlösa graven opp.

"Skönare var färden uti månens skimmer över spegelvågor hän mot Balders lund. Varmare, än här är, var vid Ingborgs hjärta, vitare än havsskum svällde hennes barm."

Nu Solundar-ö 3 står ur våg, som går vit, där är stillare sjö, där är hamn, styr dit!

Men förvågen viking rädes ej så lätt på trofast ek, står vid styret själv och glades åt de vilda vindars lek. Hårdare han seglen fäster, skarpare han vågen skär. Rakt i väster, rakt i väster skall det gå, vart böljan bär.

"Lyster mig att kämpa än en stund mot stormen. Storm och nordbo trivas väl ihop pä sjön. Ingborg skulle blygas, om dess havsörn flöge rädd, med slappa vingar, för en il i land."

Men nu växer våg, 4 nu fördjupas gôl, och det viner i tåg, och det knakar i köl.

Dock, hur vågorna må strida, tumlande nu med, nu mot, gudatimrade Ellida trotsar ännu deras hot. Som ett stjärnskott uti kvällen, skjuter hon sin fart i fröjd, hoppar, som en bock på fjällen, över avgrund, över höjd.

"Bättre var att kyssa brud i Balders hage än stå här och smaka saltskum, som yr opp. Bättre var att famna kungadotterns midja än stå här och gripa roderstången om."

Men oändlig köld 5 snöar skyn utur, och på däck och på
sköld smattrar hagelskur.

Och emellan skeppets stammar kan du icke se för natt, där är mörkt som i
den kammar, där den döde bliver satt. Oförsonlig våg, förtrollad, vill dra
seglaren i krav; vitgrå, som med aska sållad, gapar en oändlig grav.

"Blåa bolstrar bäddar Ran i djupet åt oss, men mig bida dina
bolstrar, Ingeborg! Goda drängar lyfta årorna Ellidas, gudar
byggde kölen, bär oss än en stund."

Över styrbord gick 6 nu en sjö med fart, i ett ögonblick,
spolas däcket klart.

Då från armen Fritiof drager lödig guldring, tre mark tung, blank som sol i
morgondager, var en skänk av Bele kung. Hugger så i stycken ringen,
konstfullt utav dvärgar gjord, delar den och glömmer ingen utav sina män
ombord.

"Guld är gott att hava uppå giljarfärden, tomhänt träde ingen
ner till sjöblå Ran. Kall är hon att kyssa, flyktig till att famna,
men vi fästa havsbrud med det brända guld."

Med förnyat hot 7 faller stormen på, och då brister skot, och
då springer rå.

Och mot skeppet, halvt begravet, vågorna till äntring gå. Hur man också
öser, havet öser man ej ut ändå. Fritiof själv kan ej sig dölja, att han döden
har ombord. Högre dock än storm och bölja ryter än hans härskarord.

"Björn, kom hit till roder,
grip det starkt med björnram!
Sådant väder sända
Valhalls makter ej.
Trolldom är å färde:
Helge niding kvad den
säkert över vågen,
jag vill upp och se."

Som en mård han flög 8 uti masten opp, och där satt han hög
och såg ned från topp.

Se, då simmar för Ellida havsval, lik en lossnad ö, och två leda havstroll rida
på hans rygg i skummig sjö. Hejd, med pälsen snöad neder, skepna'n lik den
vita björn, Ham med vingar, dem han breder viftande som stormens örn.

"Nu, Ellida, gäller visa, om du gömmer hjältemod i järnfast,
buktig barm av ek. Lyssna till min stämma: är du gudars
dotter, upp, med kopparkölen stånga trollad val!"

Och Ellida hör 9 på sin herres röst, med ett språng hon kör
emot valens bröst.

Och en blodig stråle ryker utur såret upp mot sky; genomborrat vilddjur
dyker vrålande til djupets dy. På en gång två lansar springa, slungade av
hjältearm, mitt i luden isbjörns bringa, mitt i becksvart stormörns barm.

"Bra, Ellida, träffat! Ej så hastigt, tror jag, dyker Helges
drakskepp upp ur blodig dy. Hejd och Ham ej heller hålla
sjön nu längre: bittert är att bita i det blåa stål."

Och nu stormen flyr 10 på en gång från sjön, blott en
svallvåg styr mot den nära ön.

Och på en gång solen träder som en konung i sin sal, återlivar allt och
gläder skepp och bölja, berg och dal. Hennes sista strålar kröna klippans
topp och dunkel lund, alla känna nu de gröna stränderna av Efjesund.

"Stego Ingborgs böner, bleka mör, mot Valhall, böjde liljevita
knän på gudars guld. Tår i ljusblå ögon, suck ur
svandunsbarmar rörde asars hjärtan. Låt oss tacka dem!"

Men Ellidas stam, 11 utav valen stött, går i marvad fram, är
av färden trött.

Tröttare ändå av färden äro alla Fritiofs män, knappast, stödda emot
svärden, hålla de sig uppe än. Björn på väldig skuldra drager fyra utav dem i
land, Fritiof ensam åtta tager, sätter dem kring brasans brand.

"Blygens ej, I bleka!
Våg är väldig viking;
det är hårt att kämpa
emot havets mör.
Se, där kommer mjödhorn
vandrande på guldfot,
värmer frusna lemmar.
Skål för Ingeborg!"

XI.

FRITIOF HOS ANGANTYR.

Nu är att säga, huru 1 jarl Angantyr satt än uti sin sal av furu och drack med sina män. Han var så glad i hågen, såg ut åt blånad ban, där solen sjöng i vågen allt som en gyllne svan.

Vid fönstret gamle Halvar 2 stod utanför på vakt. Han vaktade med allvar, gav ock på mjödet akt. En sed den gamle hade: han jämt i botten drack, och intet ord han sade, blott hornet in han stack.

Nu slängde han det vida 3 i salen in och kvad: "Skepp ser jag böljan rida, den färden är ej glad. Män ser jag döden nära; nu lägga de i land, och tvenne jättar bära de bleknade på strand."—

Utöver böljans spegel 4 från salen jarl såg ned. "Det är Ellidas segel och Fritiof, tror jag, med. På gången och på pannan känns Torstens son igen. Så blickar ingen annan i Nordens land som den."

Från dryckesbord helt modig 5 sprang Atle viking då, svartskäggig bärsärk, blodig och grym att se uppå. "Nu", skrek han, "vill jag pröva, vad ryktet ment därmed, att Fritiof svärd kan döva och aldrig ber om fred."

Och upp med honom sprungo 6 hans bistra kämpar tolv, på förhand luften stungo och svängde svärd och kolv. De stormade mot stranden, där tröttat drakskepp stod, och Fritiof satt å sanden och talte kraft och mod.

"Lätt kunde jag dig fälla," 7

skrek Atle med stort gny, "vill i ditt val dock ställa att kämpa eller fly. Men blott om fred du beder, fastän en kämpe hård, jag som en vän dig leder allt upp till jarlens gård."

"Väl är jag trött av färden", 8 genmälte Fritiof vred, "dock må vi pröva svärden, förrän jag tigger fred." Då såg man stålen ljunga i solbrun kämpehand, på Angurvadels tunga var runa stod i brand.

Nu skiftas svärdshugg dryga, 9 och dråpslag hagla nu, och bägges sköldar flyga på samma gång itu. De kämpar utan tadel stå dock i kretsen fast. Men skarpt bet Angurvadel, och Atles klinga brast.

"Mot svärdlös man jag svänger", 10 sad' Fritiof, "ej mitt svärd, men lyster det dig länger, vi pröva annan färd." Likt vågor då om hösten de bägge storma an, och stålbeklädda brösten slå tätt emot varann.

De brottades som björnar 11 uppå sitt fjäll av snö, de spände hop som örnar utöver vredgad sjö. Rotfästad klippa hölle väl knappast ut att stå, och lummig järnek fölle för mindre tag än så.

Från pannan svetten lackar, 12 och bröstet häves kallt, och buskar, sten och backar uppsparkas överallt. Med bävan slutet bida stålklädda män å strand; det brottandet var vida berömt i Nordens land.

Till slut dock Fritiof fällde 13 sin fiende till jord, han knät mot bröstet ställde och talte vredens ord: "Blott jag mitt svärd nu hade, du svarte bärsärksskägg, jag genom livet lade på dig den vassa egg."

"Det skall ej hinder bringa", 14 sad' Atle, stolt i håg. "Gå du och tag din klinga, jag ligger som jag låg. Den ena som den andra skall en gång Valhall se: i dag må jag väl vandra, i morgon du kanske."

Ej länge Fritiof dröjde, 15 den lek han sluta vill, han Angurvadel höjde, men Atle låg dock still. Det rörde hjältens sinne,sin vrede då han band, höll midt i hugget inne och tog den fallnes hand.

Nu Halvar skrek med iver 16 och hov sin vita stav: "För edert slagsmål bliver här ingen glädje av. På bord stå silverfaten och ryka länge sen, för er skull kallnar maten, och törsten gör mig men."

Försonta trädde båda 17 nu inom salens dörr, där mycket var att skåda, som Fritiof ej sett förr. Grovhyvlad planka kläder ej nakna väggar där men dyrbart gyllenläder med blommor och med bär.

Ej mitt på golvet glöder 18 den muntra brasans sken, men emot vägg sig stöder kamin av marmorsten. Ej rök i sal sig lade, ej sågs där sotad ås, glasrutor fönstren hade, och dörren hade lås.

Där sträcka silverstakar 19 ut armarna med ljus, men intet stickbloss sprakar att lysa kämpens rus. Helstekt, med späckad bringa, står hjort på bordets rund, med guldhov lyft att springa och löv i hornens lund.

Bak kämpens stol en tärna 20 står med sin liljehy och blickar som en stjärna bakom en stormig sky. Där flyga lockar bruna, där stråla ögon blå, och som en ros i runa så glöda läppar små.

Men hög å silverstolen 21 satt jarlen i sin prakt; hans hjälm var blank som solen och pansar't guldbelagt. Med stjärnor översållad var manteln rik och fin, och purpurbrämen fållad med fläcklös hermelin. Tre steg han gick från bordet, 22 bjöd handen åt sin gäst och vänligt tog till ordet: "Kom hit och sitt mig näst! Rätt månget horn jag tömde med Torsten Vikingsson; hans son, den vittberömde, ej sitte fjärran från!"

Då sågs han bägarn råga 23 med vin från Sikelö; det gnistrade som låga, det skummade som sjö: "Välkommen gäst här inne, du son utav min vän! Jag dricker Torstens minne, Jag själv och mina män". En skald från Morvens kullar 24 då prövar harpans gång. I välska toner rullar hans dystra hjältesång. Men i norräna tunga en ann på fädrens vis hörs Torstens bragder sjunga, och han tog sångens pris.

Nu mycket jarlen sporde 25 om fränderna i Nord, och Fritiof redogjorde för allt med vittra ord. Ej någon kunde klaga på vald uti hans dom, han talte lugnt som Saga i minnets helgedom.

När han därnäst berättar, 26 vad han på djupet såg, om Helges troll och jättar, besegrade på våg, då gladas kämpar alla, då småler Angantyr, och höga bifall skälla till hjältens äventyr.

Men när han talar åter 27 om älskad Ingeborg, hur ömt den sköna gråter, hur ädel i sin sorg, då suckar mången tärna med kinderna i brand. Ack, hur hon tryckte gärna den trogne älskarns hand!

Sitt ärende framförde 28 den ungersven till slut, och jarlen tåligt hörde, till dess han talat ut. "Skattskyldig var jag icke, mitt folk är fritt som jag: kung Beles skål vi dricke men lyda ej hans lag.

Hans söner ej jag känner, 29 men fordra de en gärd, väl, som det höves männer, de kräve den med svärd! Vi möta dem på stranden— dock var din far mig kär."— Då vinkar han med handen sin dotter, som satt när.

Då: sprang den blomstervidja 30 från stol med gyllne karm; hon var så smal om midja, hon var så rund om barm. I gropen uppå kinden satt Astrild, liten skalk, lik fjäriln, förd av vinden allt i en rosenkalk.

Hon sprang till jungfruburen 31 och kom tillbaka med grönvirkad pung, där djuren gå under höga träd och silvermånen skiner på sjö av segel full; dess lås är av rubiner och tofsarna av gull.

Hon lade den i handen 32 uppå sin fader huld; han fyllde den till randen med fjärran myntat guld. "Där är min välkomstgåva, gör med den vad du vill; men nu skall Fritiof lova bli här i vinter still.

Mod gagnar allestädes, 33 men nu är stormens tid, och Hejd och Ham, jag rädes, ha åter kvicknat vid. Ej alltid gör Bllida så lyckligt språng som sist, och många valar rida sin våg, fast en vi mist."

Så skämtades i salen 34 och dracks till dager ljus, men gyllne vinpokalen gav glädje blott, ej rus. Fullbräddad skål vart ägnad åt Angantyr till slut, och så i god välfägnad satt Fritiof vintern ut.

XII.

FRITIOFS ÅTERKOMST.

Men våren andas i blånad sky, och jordens grönska blir åter ny. Då tackar Fritiof sin värd och sätter ånyo ut över böljans slätter, och glättigt skjuter hans svarta svan 5 sin silverfåra på solblank ban; ty västanvindar med vårens tunga som näktergalar i seglen sjunga, och Ägirs döttrar med slöjor blå kring rodret hoppa och skjuta på. 10 Det är så skönt, när du stäven vänder från fjärran segling mot hemmets stränder, där röken stiger från egen härd och minnet vaktar sin barndomsvärld och friska källan din lekplats lögar, 15 men fädren sitta i gröna högar och, full av längtan, den trogna mön står på sin klippa och ser åt sjön.— Sex dar han seglar, men på den sjunde en mörkblå strimma han skönja kunde 20 vid himlaranden; den växer ut med skär och öar och land till slut. Det är *hans* land, som ur böljan träder, han ser dess skogar i gröna kläder, han hör dess forsar med skummigt larm, 25 och klippan blottar sin marmorbarm. Han hälsar näsen, han hälsar sunden och seglar tätt under gudalunden, där sista sommar så mången natt den glade svärmarn med Ingborg satt. 30 "Vi syns hon icke, kan hon ej ana, hur när jag gungar på mörkblå bana? Kanske hon lämnat sin Balders vård och sitter sorgsen i kungens gård och harpan slår eller guldet tvinnar."—35 Då stiger plötsligt från templets tinnar hans falk i höjden och skjuter ned på Fritiofs axel, så var hans sed. Han flaxar ständigt med vita vingen, från skuldran lockar den trogne ingen; 40 han krafsar ständigt med brandgul klo, han ger ej vika, han ger ej ro. Han lutar kroknäbb till Fritiofs öra, det är som hade han bud att föra kanske från Ingborg, från älskad brud, 45 men ingen fattar de brutna ljud.

Ellida susar nu fram om näset, hon hoppar glad som en hind på gräset, ty välkänd bölja mot kölen slår, men Fritiof munter i stäven står. 50 Han gnuggar ögat, han lägger handen utöver pannan och ser åt stranden, men hur han gnuggar, och hur han ser, han finner icke sitt Framnäs mer. Den nakna eldstad står upp ur mullen, 55 lik kämpens benrad i ättekullen; där gården var, är ett svedjeland, och askan virvlar kring härjad strand. Förbittrad Fritiof från skeppet hastar, kring brända tomter han ögat kastar, 60 sin faders tomter, sin barndoms ban. Då kommer hastigt lurvhårig Bran, hans hund, som ofta, så käck som trogen, för honom brottats med björn i skogen. Han gör i glädjen så många hopp, 65 han springer högt på sin herre opp. Mjölkvite gångarn med guld i manen, med ben som hinden, med hals som svanen, den Fritiof ridit så mången gång, ur dalen ilar med höga språng. 70 Han gnäggar glättigt, han halsen vänder, han vill ha bröd ur sin

herres händer. Den arme Fritiof, mer arm än de, har ingenting att de trogna
ge.—

Bedröfvad, husvill—på ärvda grunden 75 står Fritiof, blickar kring svedda
lunden, då gamle Hilding mot honom går, hans fosterfader med silverhår.
"Vad här jag skådar mig knappt förundrar; när örn är flugen, hans bo man
plundrar. 80 En kunglig idrott för landets fred! Väl håller Helge sin kungaed
att gudar dyrka och mänskor hata, och mordbrand heter hans eriksgata. Det
gör mig snarare harm än sorg; 85 men säg mig nu, var är Ingeborg?"— "De
bud, jag bär dig", den gamle sade, "jag räds, du finner dem föga glade. Så
snart du seglat, kung Ring bröt fram, fem sköldar väl jag mot en förnam. 90
I Disardalen, vid ån, stod slaget, och blodrött skummade vattendraget.
Kung Halvdan skämtade jämt och log, men likafullt som en man han slog.
Jag höll min sköld över kungasonen, 95 jag var så glad åt den lärospånen.
Men länge hölls ej den leken ut; kung Helge flydde, då vart det slut. Men
som han flydde, den asafrände, förbi din gård, han i hast den tände. 100 För
brödren sattes då två beting: sin syster skulle de ge kung Ring, hon ensam
kunde hans skymf försona; om ej, så toge han land och krona. Och av och
an gingo fredens bud; 105 men nu kung Ring har fört hem sin brud."— "O
kvinna, kvinna!" nu Fritiof sade, "den första tanke, som Loke hade, det var
en lögn, och han sände den i kvinnoskepnad till jordens män. 110 En
blåögd lögn, som med falska tårar alltjämt oss tjusar, alltjämt oss dårar,
högbarmad lögn med sin rosenkind, med dygd av våris och tro av vind; i
hjärtat flärden och sveket viska, 115 och mened dansar på läppar friska.—
Och dock, hur var hon mitt hjärta kär, hur kär hon var mig, hur kär hon är!
Jag kan ej minnas så långt tillbaka, att hon i leken ej var min maka. 120 Jag
minns ej bragd, som jag tänkt uppå, där hon ej tänktes som pris också. Som
stammar, vuxna från rot tillsamman, slår Tor den ena med himlaflamman,
den andra vissnar; men lövas en, 125 den andra kläder i grönt var gren: så
var vår glädje, vår sorg gemensam, jag är ej van att mig tänka ensam. Nu är
jag ensam. Du höga Var, som med din griffel kring jorden far 130 och
skriver eder på gyllne skiva, låt bli det narrspel, låt bli att skriva! Med lögner
ristar du skivan full, det skada är på det trogna gull. En dikt jag minnes om
Balders Nanna, 135 men sanning finns ej på mänsklig panna, det finns ej
trohet i mänskobröst— när sveket länte min Ingborgs röst, den röst lik
vinden på blomsterängar, lik harpoljudet från Brages strängar. 140 Jag vill ej
lyssna till harpoljud, jag vill ej tänka på trolös brud. Vart stormen dansar, dit
vill jag följa, blod skall du dricka, du världshavsbölja! Varhelst en klinga sår
högens säd, 145 på berg, i dal, vill jag vara med. Jag tör väl möta en kung
med krona, mig lyster se, om jag då skall skona. Jag tör väl möta bland
sköldars larm en ungersven med förälskad barm, 150 en narr, som litar på
tro och heder, den vill jag hugga av ömkan neder, vill spara honom att stå
en dag besviken, skymfad, förrådd som jag."—

"Hur ungdomsblodet dock kokar över", 155 sad' gamle Hilding, "hur väl behöver det dock att kylas av årens snö, och orätt gör du den ädla mö. Anklaga icke min fosterdotter, anklaga nornan, vars vreda lotter 160 ej mänskor rubba; de falla från åskdiger himmel på jordens son. Väl hörde ingen den ädlas klagan, hon teg som Vidar i gudasagan, hon sörjde tyst som i sunnanskog 165 en turturduva, vars make dog. För mig hon yppade dock sitt hjärta, i djupet bodde oändlig smärta. Som vattenfågeln med sårat bröst till bottnen dyker—det är hans tröst, 170 att dagen icke i såret glöder, på bottnen ligger han och förblöder—, så hennes smärta i natt sjönk ned, jag ensam vet vad den starka led. 'Ett offer är jag', hon sade ofta, 175 'för Beles rike: snöblommor dofta i fridsmöns lockar, och vintergrönt kring offret hänges, det är dock skönt! Jag kunde dö, men det vore skoning; förtörnad Balder vill blott försoning, 180 en långsam död, kan ej vila få, dess hjärta klappar, dess pulsar slå. Men säg för ingen den svagas strider! Jag vill ej ömkas, ehur jag lider; kung Beles dotter fördrar sin sorg, 185 men hälsa Fritiof från Ingeborg!'— När bröllopsdagen nu kom—den dagen jag gärna sett från min runstav tagen—, mot templet skredo i långsam färd vitklädda jungfrur och män med svärd. 190 För skaran tågade dyster sångarn, men blek satt bruden på svarte gångarn, blek som en ande, som sitter på det svarta molnet, när åskor gå. Jag hov ur sadeln min höga lilja, 195 jag ledde henne på tempeltilja till altarrunden; där sade hon åt Lofn sitt löfte med säker ton, och mycket bad hon till vite guden, och alla gräto, så när som bruden. 200 Då märkte Helge på hennes arm din ring, han ryckte den bort med harm;— på Balders bild nu den gyllne hänger—. Min vrede styrde jag då ej länger; jag rev från länden mitt goda svärd, 205 ej mycket var då kung Helge värd. Men Ingborg viskade mig: 'Låt vara, en broder kunnat mig detta spara, dock mycket tål man, förrn man förgås, Allfader dömer emellan oss.'"— 210

"Allfader dömer", sad' Fritiof dyster, "men litet också mig döma lyster. Är nu ej Balders midsommarfest? I templet är väl den krönte präst, mordbrännarkungen, som sålt sin syster; 215 mig också litet att döma lyster."

XIII.

BALDERS BÅL.

Midnattssolen på bergen satt, 1 blodröd till att skåda; det var ej dag, det var ej natt, det vägde emellan båda.

Baldersbålet, den solens bild, 2 brann på vigda härden. Snart är ändå lågan spilld, då rår Höder för världen.

Präster stodo kring tempelvägg, 3 makade bålets bränder, bleka gubbar med silverskägg och med flintkniv i hårda händer.

Kung med krona står bredvid, 4 sysslar kring altarrunden. Hör! Då klinga i midnattstid vapen i offerlunden.

"Björn, håll endast dörren till, 5 fångna äro de alle. Ut eller in om någon vill, klyv hans huvudskalle!"

Blek vart kungen, alltför väl 6 kände han den rösten. Fram steg Fritiof med vredgad själ, kvad som en storm om hösten:

"Här är skatten, som du bjöd 7 hämtas från västervågor. Tag den! Sedan på liv och död slåss vi vid Balders lågor;

sköld på ryggen, barmen bar, 8 ingen skall striden klandra. Första hugget som kung du har, glöm ej, mitt är det andra.

Blicka ej åt dörren så! 9
Räv är fångad i kula.
Tank på Framnäs, tänk uppå
systern med lockar gula!"—

Så han talte med hjältefog, 10 drog ur gördel pungen; föga varsamt han den slog mitt i pannan på kungen.

Blodet frusade ut ur mund, 11 svart det blev för öga: dånad låg vid altarrund asafränden höga.

"Tål du ej ditt eget guld, 12 fegaste i ditt rike? Angurvadel vill ej ha skuld att ha fällt din like.

Stilla, präster med offerkniv, 13 bleka månskensförstar! Kunde gälla ert usla liv, ty min klinga törstar.

Vite Balder, styr din harm, 14 se ej på mig så mulen! Ringen, som du bär på arm, med förlov, han är stulen.

Ej för dig, så vitt jag vet, 15 smiddes han av Vaulunder. Våldet rånade,
jungfrun grät, bort med de nidingsfunder!"—

Tappert drog han, men ring och arm 16 voro som grodda samman: när den
lossnade, stöp av harm guden i offerflamman.

Hör! det knattrar, lågan slår 17
guldtand i tak och sparrar.
Dödsblek Björn i porten står,
Fritiof blygs, att han darrar.

"Öppna dörren, släpp folket ut! 18
Vakt ej mer jag behöver.
Templet brinner, gjut vatten, gjut
hela havet däröver!"

Nu från templet och ned till strand 19 knyts en kedja av händer, böljan
vandrar från hand till hand, fräser mot svedda bränder.

Fritiof sitter som regnets gud 20 högt på bjälken och flödar, delar till alla
sitt härskarbud, lugn bland de heta dödar.

Fåfängt! Elden tar överhand, 21 rökmoln virvla och välta, guldet droppar på
glödhet sand, silverplåtarna smälta.

Allt förlorat! Ur halvbränd sal 22 eldröd hane sig svingar, sitter på takets ås
och gal, flaxar med lösta vingar.

Morgonvinden spelar från norr, 23 högt det mot himmeln blossar.
Balderslunden är sommartorr, lågan är hungrig och frossar.

Rasande far hon från gren till gren, 24
än har hon långt till målet.
Eja, vad vilt, vad rysligt sken!
Väldigt är Baldersbålet.

Hör, hur det knakar i rämnad rot, 25
se, hur topparna glöda!
Vad är människokraft emot
Muspels söner, de röda!

Eldhav böljar i Balders lund, 26 strandlöst svalla dess vågor. Sol går opp,
men fjärd och sund spegla blott avgrundslågor.

Aska är templet inom kort, 27 aska tempellunden; sorgsen drager Fritiof
bort, gråter i morgonstunden.

XIV.

FRITIOF GÅR I LANDSFLYKT.

På skeppsdäck satt i sommarnatt bedrövad hjälte. Som vågor välte än sorg, än harm 5 uti hans barm; och tempelbranden rök än från stranden. "Du tempelrök, flyg högt och sök, 10 sök opp Valhalla och nederkalla den Vites hämnd, åt mig bestämd! Flyg dit och skvallra, 15 så valven skallra, om tempelrund, förbränd till grund; om träbelätet, som föll från sätet 20 och brände ned som annan ved; om lunden sedan, fridlyst, alltsedan svärd bands vid länd— 25 nu är han bränd, fick ej den heder att ruttna neder!— Det där, med mer, som var man ser, 30 glöm ej att föra till Balders öra, du töckenbud till töcknig gud!

Helt visst besjungen 35 blir milde kungen, som bannlyst mig, ej just från sig, men från sitt rike. Välan, vi vike 40 till riken blå, där vågor gå. Du får ej vila, du måste ila, Ellida, ut 45 till världens slut. Du måste vagga i saltad fragga, min drake god; en droppe blod 50 ej heller skadar, evar du vadar. I stormens sus är du mitt hus; det andra brände 55 gud Balders frände. Du är min Nord, min fosterjord; ifrån den andra jag måste vandra. 60 Du är min brud i becksvart skrud; ty på den vita var ej att lita.—

Du fria hav, 65 du vet ej av kung, som förtrycker med härskarnycker. Din kung är den bland fria män, 70 som aldrig skälver, hur högt du välver i retad harm vitskummig barm. De blåa fälten 75 förnöja hjälten. Hans kölar gå som plog därpå, och blodregn dugga i ekens skugga, 80 men stålblankt är utsädet där. De fälten bära sin skörd av ära, sin skörd av guld. 85 Bliv du mig huld, du vilda bölja! Dig vill jag följa. Min faders hög står still, och trög, 90 och vågor döna omkring den gröna. Min skall bli blå, med havsskum på, skall ständigt simma 95 i storm och dimma och dra allt fler i djupet ner.— Du blev mig givet till hem i livet, 100 du blir min grav, du fria hav!"

Så kvad den vilde. Med sorg sig skilde hans trogna stäv 105 från välkänd säv. Han vaggar sakta bland skär, som vakta ännu i Nord den grunda fjord. 110 Men hämnden vakar: med tio drakar kung Helge sam i sundet fram. Då ropte alla: 115 "Nu kung vill falla. Ett slag han ger; ej trives mer valhallasonen inunder månen, 120 vill ovanom, varfrån han kom; den gudabloden vill hem till Oden."

Knappt var det sagt, 125 förrn osedd makt vid köln sig hakar på Helges drakar. Allt mer och mer de dragas ner 130 till Ranas döda, och själv med möda kung Helge sam från halvdränkt stam.—

Men Björn den glade 135 log högt och sade: "Du asablod, den list var god. Mig ingen sporrat, jag skeppen borrat 140 förliden natt, ett lovligt spratt!

Jag hoppas, Bana af gammal vana dem håller kvar; 145 men skada var, att icke drotten gick med till botten."

I vredesmod kung Helge stod, 150 knappt frälst ur vågen. Han spände bågen, stålgjuten, rund, mot klippig grund. Han själv ej kände, 155 hur hårt han spände, tills med en klang stålbågen sprang.

Men Fritiof väger sin lans och säger: 160 "En dödsörn bär jag bunden här. Om ut den flöge, då låge höge kungsniding fälld 165 för våld och väld. Men frukta icke, min lans ej dricke den feges blod! Den är för god 170 för de bedrifter. På runogrifter han ristas må, men icke på de nidingsstänger, 175 där ditt namn hänger. Ditt mandomsrön försjönk i sjön. Till lands ej heller det mycket gäller. 180 Rost bryter stål, ej du; ett mål mer högt än detta vill jag mig sätta. Giv akt, hur vitt 185 det går från ditt."—

Då tar han furen, till åra skuren, en mastfur fälld i Gudbrands däld. 190 Han tar dess make och ror sin drake. Han ror med kraft: som rörpils skaft, som kallbräckt klinga, 195 de åror springa.—

Nu sol går opp bak fjällens topp, och vinden ljuder från land och bjuder 200 var våg till dans i morgonglans. På böljans toppar Ellida hoppar i fröjd åstad; 205 men Fritiof kvad:

"Heimskringlas panna, du höga Nord! Jag får ej stanna uppå din jord. 210 Från dig att stamma jag yvs med skäl. Nu, hjälteamma, farväl, farväl!

Farväl, du höga 215 valhallastol, du nattens öga, midsommarsol! Du klara himmel, lik hjältens själ, 220 du stjärnevimmel, farväl, farväl!

Farväl, I fjällar, där äran bor! I runohällar 225 för väldig Tor! I blåa sjöar, jag känt'å väl, I skär och öar, farväl, farväl! 230

Farväl, I högar vid bölja blå, dem linden snögar sitt blomdoft på; men Saga dömer 235 med rättvis själ vad jorden gömmer: farväl, farväl! Farväl, I lunder, I gröna hus, 240 jag lekt inunder vid bäckens sus! I barndomsvänner, som ment mig väl, jag än er känner; 245 farväl, farväl! Min kärlek gäckad, min gård är bränd, min ära fläckad, i landsflykt sänd! 250 Från jord vi vädje till havet väl, men livets glädje, farväl, farväl!"

XV.

VIKINGABALK.

Nu han svävade kring på det ödsliga hav, han for vida 1
   som jagande falk;
men för kämpar ombord skrev han lagar och rätt. Vill
   du höra hans vikingabalk?

"Ej må tältas å skepp, ej må sovas i hus: inom salsdörr 2
   blott fiender stå.
Viking sove på sköld och med svärdet i hand, och till
   tält har han himmeln den blå.

Kort är hammarens skaft hos den segrande Tor, blott 3
   en aln långt är svärdet hos Frej.
Det är nog; har du mod, gå din fiende när, och för kort
   är din klinga då ej.

När det stormar med makt, hissa seglen i topp! det är 4
   lustigt på stormande hav.
Låt det gå, låt det gå! den, som stryker, är feg; förrn
   du stryker, gå hellre i krav!

Mö är fridlyst å land, får ej komma ombord: var det 5
   Freja, hon sveke dig dock;
ty den gropen på kind är den falskaste grop, och ett nät
   är den flygande lock.

Vin är Valfaders dryck, och ett rus är dig unt, om du 6
   endast med sansning det bär:
den, som raglar å land, kan stå upp, men till Ran, till
   den sövande, raglar du här.

Seglar krämare fram, må du skydda hans skepp, men 7
   den svage ej vägre dig tull!
Du är kung på din våg, han är slav av sin vinst, och
   ditt stål är så gott som hans gull.

Gods må skiftas å däck genom tärning och lott: hur den 8
   faller, beklaga ej dig!
Men sjökonungen själv kastar tärningen ej, han behåller
   blott äran för sig.

Nu syns vikingaskepp, då är äntring och strid, det går 9
   hett under sköldarna till;

Om du viker ett steg, har du avsked från oss, det är
lagen, gör sen som du vill!

När du segrat, var nöjd! Den, som beder om frid, har 10
ej svärd, är din fiende ej;
bön är valhallabarn, hör den bleknades röst, den är
niding, som ger henne nej.

Sår är vikingavinst, och det pryder sin man, när på bröst 11
eller panna det står;
låt det blöda, förbind det, sen dygnet är om men ej förr,
vill du hälsas för vår."—

Så han ristade lag, och hans namn med var dag växte 12
vida på främmande kust,
och sin like han fann ej på blånande sjö, och hans
kämpar de stridde med lust.

Men han själv satt vid rodret och blickade mörk, han 13
såg ned i det vaggande blå:
"Du är djup; i ditt djup trives friden kanske, men hon
trives ej ovanuppå.

Är den Vite mig vred, må han taga sitt svärd, jag vill 14
falla, om så är bestämt;
men han sitter i skyn, skickar tankarna ned, som förmörka
mitt sinne alltjämt."—

Dock, när striden är när, tar hans sinne sin flykt, stiger 15
djärvt som den vilade örn,
och hans panna är klar, och hans stämma är hög, och
som Ljungaren står han i förn.

Så han sam ifrån seger till seger alltjämt, han var trygg 16
på den skummande grav,
och han synte i Söder båd öar och skär, och så kom
han till Grekelands hav.

När han lunderna såg, som ur vågorna stå, med de 17
lutande templen uti,
vad han tänkte, vet Freja, och skalden det vet, I, som
älsken, I veten det, I!

"Här vi skulle ha bott, här är ö, här är lund, här är 18
templet, min fader beskrev:
det var hit, det var hit jag den älskade bjöd, men den
hårda i Norden förblev.

Bor ej friden i saliga dalarna där, bor ej minnet i pelaregång? 19 Och som
älskandes viskning är källornas sorl, och som brudsång är fåglarnas sång.

Var är Ingeborg nu? Har hon glömt mig alltren för 20
 gråhårige, vissnade drott?
Ack! jag kan icke glömma; jag gåve mitt liv för att se,
 för att se henne blott.

Och tre år ha förgått, sen jag skådat mitt land, idrotternas 21
 konungasal;
stå de härliga fjällen i himmeln ännu? Är det grönt i min
 fädernedal?

På den hög, där min fader är lagd, har jag satt en lind, 22
 månn' hon lefver ännu?
Och vem vårdar den späda? Du jord, giv din must, och
 din dagg, o du himmel, giv du!

Dock, vi ligger jag längre på främmande våg och tar 23
 skatt och slår mänskor ihjäl?
Jag har ära alltnog, och det flammande guld, det lumpna,
 föraktar min själ.

Där är flagga på mast, och den visar åt norr, och i norr 24
 är den älskade jord;
jag vill följa de himmelska vindarnas gång, jag vill styra
 tillbaka mot Nord."

XVI.

FRITIOF OCH BJÖRN.

Fritiof. Björn, jag är ledsen vid sjö och våg, 1 höljorna äro oroliga sällar. Nordens de fasta, de älskade fjällar locka med underlig makt min håg. Lycklig är den, som hans land ej förskjutit, ingen förjagat från fädernas grav! Ack, för länge, för länge jag flutit fridlös omkring på det vilda hav.

Björn. Havet är gott, det må du ej klandra: 2 frihet och glädje på havet bo, veta ej av den vekliga ro, älska alltjämt att med böljorna vandra. När jag blir gammal, vid grönskande jord växer jag också väl fast som gräsen. Nu vill jag kämpa och dricka ombord, nu vill jag njuta mitt sorgfria väsen.

Fritiof. Isen har nu dock oss jagat i land, 3 runt kring vår köl ligga vågorna döda: vintern, den långa, vill jag ej föröda här ibland klippor på ödslig strand. Ännu en gång vill i Norden jag jula, gästa kung Ring och min rövade brud; se vill jag åter de lockarna gula, höra dess stämmas de älskade ljud.

Björn. Gott, jag förstår dig: kung Ring skall röna, 4 vikingahämnden är föga blid. Kungsgård vi tända vid midnattstid, sveda den gamle och röva den sköna. Eller kanhända på vikingavis aktar du drotten en holmgång värdig, eller han stämmes till härslag på is:— säg, hur du vill, jag är genast färdig.

Fritiof. Nämn mig ej mordbrand, och tänk ej på krig 5 fredlig till kungen min kosa jag ställer. Han har ej felat, hans drottning ej heller, hamnande gudar ha straffat mig. Litet har jag att på jorden hoppas, vill blott ta avsked av den, jag har kär, avsked för evigt! När lundarna knoppas, kanske ock förr, är jag åter här.

Björn. Fritiof, din dårskap jag aldrig förlåter. 6 Klagan och suck för en kvinnas skull! Jorden, ty värr, är av kvinnor full, miste du en, stå dig tusen åter. Vill du, så hämtar jag dig av det kram hastigt en laddning från glödande Söder, röda som rosor och späka som lamm, sen dra vi lott eller dela som bröder.

Fritiof. Björn, du är öppen och glad som Frej, 7 tapper att strida och klok att råda; Oden och Tor, dem känner du båda, Freja, den himmelska, känner du ej. Icke om gudarnas makt må vi tvista: akta dig, väck ej den evigas harm! Fort eller sent hennes slumrande gnista vaknar i gudars och människors barm!

Björn. Gå dock ej ensam, din hemväg kan stängas. 8

Fritiof. Ej går jag ensam, mitt svärd följer med.

Björn. Minns du, hur Hagbart blev hängd i träd?

Fritiof. Den, som kan tagas, är värd att hängas.

Björn. Stupar du, stridsbror, jag hämnar dig väl, ristar väl blodörn på Fritiofs bane.

Fritiof. Onödigt, Björn, den galande hane hör han ej längre än jag. Farväl!

XVII.

FRITIOF KOMMER TILL KUNG RING.

Kung Ring han satt i högbänk om julen och drack mjöd, 1 hos honom satt hans drottning så vit och rosenröd. Som vår och höst dem båda man såg bredvid varann; hon var den friska våren, den kulna höst var han.

Då trädde uti salen en okänd gubbe in, 2 från huvud och till fötter han insvept var i skinn. Han hade stav i handen, och lutad sågs han gå, men högre än de andra den gamle var ändå.

Han satte sig på bänken längst ned vid salens dörr; 3 där är de armas ställe ännu, som det var förr. De hovmän logo smädligt och sågo till varann och pekade med fingret på luden björnskinnsman.

Då ljungar med två ögon den främmande så vasst, 4 med ena handen grep han en ungersven i hast, helt varligen han vände den hovman upp och ned; då tystnade de andra—vi hade gjort så med.

"Vad är för larm där nere? Vem bryter kungens frid? 5
Kom upp till mig, du gamle, och låt oss talas vid!
Vad är ditt namn? Vad vill du? Var kommer du ifrån?"
Så talte kungen vredgad till gubben, gömd i vrån.

"Helt mycket spör du, konung, men jag dig svara vill. 6
Mitt namn ger jag dig icke, det hör mig ensam till.
I Ånger är jag uppfödd, min arvgård heter Brist,
hit kom jag ifrån Ulven, hos honom låg jag sist.

Jag red i forna dagar så glad på drakens rygg, 7 han hade starka vingar och flög så glad och trygg; nu ligger han förlamad och frusen jämte land, själv är jag gammal vorden och bränner salt vid strand.

Jag kom att se din vishet, i landet vida spord, 8 då mötte man med hån mig, för hån är jag ej gjord; jag tog en narr för bröstet och vände honom kring, dock steg han upp helt oskadd, förlåt mig det, kung Ring!"—

"Ej illa", sade kungen, "du lägger dina ord; 9 de gamla bör man ära, kom, sätt dig vid mitt bord! Låt din förklädning falla, låt se dig, som du är, förklädd trivs glädjen icke, jag vill ha glädje här."

Och nu från gästens huvud föll luden björnhud ner; 10 i stället för den gamle envar en yngling ser. Ifrån den höga pannan kring skuldran bred och full de ljusa lockar flöto liksom ett svall av gull.

Och präktig stod han för dem i sammetsmantel blå, 11 i handsbrett silverbälte med skogens djur uppå. I drivet arbet' alla den konstnär bragt dem an, och runt kring hjältens midja de jagade varann.

Och ringens gyllne smycke kring armen satt så rikt, 12 vid sidan häng hans slagsvärd, en stannad ljungeld likt. Den lugna hjälteblicken kring sal och gäster for; skön stod han där som Balder och hög som Asa-Tor.

Den häpna drottnings kinder de skifta färg så snällt, 13 som röda norrsken måla de snöbetäckta fält; som tvenne vattenliljor inunder stormens larm stå gungande på vågen, så hävdes hennes barm.

Nu blåste lur i salen, och tyst blev överallt, 14 ty nu var löftets timme, och in bars Frejers galt, med kransar omkring bogen och äpple uti mund, och fyra knän han böjde på silverfatets rund.

Och konung Ring sig reste i sina lockar grå, 15 han rörde galtens panna och gjorde löfte så: "Jag svär att Fritiof vinna, fastän en kämpe stor; så hjälpe Frej och Oden, därhos den starke Tor!"

Med trotsigt löje reste sig främlingen så hög, 16 en blixt av hjältevrede hans anlet' överflög; han slog sitt svärd i bordet, så det i salen klang, och upp från ekebänken varenda kämpe sprang.

"Och hör du nu, herr konung, mitt löfte ävenväl: 17 ung Fritiof är min frände, jag känner honom väl. Jag svär att Fritiof skydda, och var det mot en värld; så hjälpe mig min norna, därhos mitt goda svärd!"

Men kungen log och sade: "Helt dristigt är ditt tal, 18 dock, orden äro fria i nordisk kungasal. Fyll honom hornet, drottning, med vin, som du har bäst! Den främling, vill jag hoppas, i vinter är vår gäst."

Och drottningen tog hornet, som framför henne stod, 19 av urens panna brutet, en kostelig klenod, på blanka silverfötter, med mången gyllne ring, med forntidsbilder sirad och runeskrift omkring.

Med nederslagna ögon hon räckte hornet då, 20 men darrande var handen, och vin blev spillt därpå. Som aftonrodnans purpur på liljorna ibland, de dunkla droppar brunno på hennes vita hand.

Och glad tog gästen hornet utav den ädla fru; 21 ej tvenne män det tömde, som männer äro nu; men lätt och utan tvekan, den drottning till behag, den väldige det tömde uti ett andedrag.

Och skalden tog sin harpa—han satt vid kungens bord— 22 och sjöng ett hjärtligt kväde om kärleken i Nord, om Hagbart och skön Signe, och vid hans djupa röst de hårda hjärtan smälte i stålbeklädda bröst.

Han sjöng om Valhalls salar och om einheriars lön, 23 om tappra fäders bragder på fältet och på sjön. Då grep var hand åt svärdet, då flammade var blick, och flitigt omkring laget det djupa hornet gick.

Helt skarpt blev där nu drucket allt i det kungahus, 24 varenda kämpe tog sig ett ärligt julerus, gick sedan bort att sova förutan harm och sorg; men konung Ring den gamle sov hos skön Ingeborg.

XVIII.

ISFARTEN.

Kung Ring med sin drottning till gästabud far, 1 på sjön står isen så spegelklar.

"Far ej över isen", den främling sad': 2 "han brister, för djupt är det kalla bad."—

"Kung drunknar icke så lätt", sad' Ring, 3 "den, som är rädd, kan gå sjön omkring."

Den främling blickar så mörk med hot, 4 han spänner stålsko i hast på fot.

Slädtravarn sätter med makt åstad, 5 han frustar lågor, han är så glad.

"Sträck ut", skrek kungen, "min travare god, 6 låt se, om du är av Sleipners blod!"

Det går, som stormen går över sjön, 7 den gamle ej aktar sin drottnings bön.

Men stålskodd kämpe står heller ej still, 8 han far dem förbi, så snart han vill.

Han ritar mång' runa i isens famn, 9 skön Ingeborg åker över sitt namn.

Så ila de fram på den glatta ban, 10 men under dem lurar den falska Ran.

Hon stöter ett hål i sitt silvertak, 11 och släden ligger i öppen vak.

Skön Ingeborg vart så blek på kind, 12 då kommer den gäst som en virvelvind.

Han borrar sin stålsko i isen fast 13 och griper i gångarns man med hast.

Då svänger han lätt med ett enda hopp 14 båd' häst och släde på isen opp.

"Det tag vill jag prisa", sad' kungen fort, 15 "ej Fritiof den starke det bättre gjort."

Så vände de åter till kungsgård om; 16 den främmande blev där, tills våren kom.

XIX.

FRITIOFS FRESTELSE.

Våren kommer, fågeln kvittrar, skogen lövas, solen ler, 1 och de lösta floder dansa sjungande mot havet ner. Glödande som Frejas kinder tittar rosen ur sin knopp, och i mänskans hjärta vakna levnadslust och mod och hopp.

Då vill gamle kungen jaga, drottningen skall med på jakt, 2 och det hela hov församlas, vimlande i brokig prakt. Bågar klinga, kogar skramla, hingstar skrapa mark med hov, och med kappor över ögat skrika falkarna på rov.

Se, där kommer jaktens drottning! Arme Fritiof, se ej dit! 3 Som en stjärna på en vårsky sitter hon på gångarn vit, hälften Freja, hälften Rota, skönare än bägge två, och från lätta purpurhatten vaja högt de fjädrar blå.

Se ej på de ögons himmel, se ej på de lockars gull! 4
Akta dig, det liv är smidigt, akta dig, den barm är full!
Blicka ej på ros och lilja, skiftande på hennes kind,
hör ej på den kära stämman, susande som vårens vind!

Nu är jägarskaran färdig. Hejsan, över berg och dal! 5
Hornet smattrar, falken stiger lodrätt emot Odens sal.
Skogens åbor fly med ångest, söka sina kulors hem,
men med spjutet sträckt framför sig är valkyrjan efter dem.

Gamle kungen kan ej följa jakten, som hon flyger fram, 6 ensam vid hans sida rider Fritiof, tyst och allvarsam. Mörka, vemodsfulla tankar växa i hans kvalda bröst, och varthelst han än sig vänder, hör han deras klagoröst.

"O! vi övergav jag havet, för min egen fara blind? 7
Sorgen trivs ej rätt på vågen, blåser bort med himmelns vind.
Grubblar viking, kommer faran, bjuder honom opp till dans,
och de mörka tankar vika, bländade av vapnens glans.

Men här är det annorlunda: outsäglig längtan slår 8 sina vingar kring min panna; som en drömmande jag går, kan ej glömma Balders hage, kan ej glömma eden än, som hon svor,—*hon* bröt den icke, grymma gudar bröto den.

Ty de hata mänskors ätter, skåda deras fröjd med harm, 9 och min rosenknopp de togo, satte den i vinterns barm. Vad skall vintern väl med rosen? Han förstår ej hennes pris, men hans kalla ande kläder knopp och blad och stjälk med is."

Så han klagade. Då kommo de uti en enslig dal, 10
dyster, hopträngd mellan bergen, överskyggd av björk och al.

Där steg kungen av och sade: "Se, hur skön, hur sval den lund!
Jag är trött, kom låt oss vila! Jag vill slumra här en stund."—

"Icke må du sova, konung; kall är marken här och hård, 11 tung blir
sömnen, upp! jag för dig snart tillbaka till din gård."— "Sömnen, som de
andra gudar, kommer, när vi minst det tro", sade gubben. "Unnar gästen ej
sin värd en timmes ro?"

Då tog Fritiof av sin mantel, bredde den på marken hän, 12 och den gamle
kungen lade tryggt sitt huvud på hans knän, somnade så lugnt, som hjälten
somnar efter stridens larm på sin sköld, så lugnt, som barnet somnar på sin
moders arm.

Som han slumrar, hör! då sjunger kolsvart fågel ifrån kvist: 13
"Skynda, Fritiof, dräp den gamle, sluta på en gång er tvist!
Tag hans drottning, dig tillhör hon, dig har hon som brudgum kysst,
intet mänskligt öga ser dig, och den djupa grav är tyst."—

Fritiof lyssnar: Hör! då sjunger snövit fågel ifrån kvist: 14
"Ser dig intet mänskligt öga, Odens öga ser dig visst.
Niding, vill du mörda sömnen? Vill du värnlös gubbe slå?
Vad du vinner, hjälterykte vinner du dock ej därpå."—

Så de bägge fåglar sjöngo; men sitt slagsvärd Fritiof tog, 15 slängde det med
fasa från sig fjärran i den mörka skog. Kolsvart fågel flyr till Nastrand, men
på lätta vingars par som en harpoton den andra klingande mot solen far.

Strax är gamle kungen vaken. "Mycket var den sömn mig värd, 16
ljuvligt sover man i skuggan, skyddad av den tappres svärd.
Dock, var är ditt svärd, o främling? Blixtens broder, var är han?
Vem har skilt er, I, som aldrig skulle skiljas från varann!"—

"Lika mycket", Fritiof sade, "svärd jag finner nog i Nord; 17 skarp är
svärdets tunga, konung, talar icke fridens ord. Mörka andar bo i stålet,
andar ifrån Nifelhem, sömnen är ej säker för dem, silverlockar reta dem."—

"Jag har icke sovit, yngling, jag har blott dig prövat så; 18 oprövad man
och klinga litar ej den kloke på. Du är Fritiof, jag har känt dig, alltsen i min
sal du steg, gamle Ring har vetat länge, vad hans kloke gäst förteg.

Varför smög du till min boning, djupt förklädd och utan namn? 19
Varför, om ej för att stjäla bruden ur den gamles famn?
Äran, Fritiof, sätter sig ej namnlös uti gästfritt lag,
blank är hennes sköld som solen, öppna hennes anletsdrag.

Ryktet talte om en Fritiof, människors och gudars skräck, 20 sköldar klöv
och tempel brände den förvågne lika käck. Snart med härsköld, så jag

trodde, kommer han emot ditt land, och han kom, men höljd i lumpor, med en tiggarstav i hand.

Varför slår du ner ditt öga? Jag var också ung en gång; 21 livet är en strid från början, ungdomen dess bärsärksgång. Klämmas skall hon mellan sköldar, tills det vilda mod är tömt; jag har prövat och förlåtit, jag har ömkat och förglömt.

Ser du, jag är gammal vorden, stiger snart i högen in; 22
tag mitt rike då, o yngling! tag min drottning, hon är din.
Bliv min son till dess och gästa i min kungssal som förut!
Svärdlös kämpe skall mig skydda, och vår gamla tvist har slut."—

"Icke", svarar Fritiof dyster, "kom jag som en tjuv till dig; 23
ville jag din drottning taga, säg, vem skulle hindrat mig?
Men min brud jag ville skåda, en gång, ack! blott en gång än.
O jag dåre! halvsläckt låga tände jag på nytt igen.

I din sal jag dröjt för länge, gästar mer ej där, o kung! 24
Oförsonta gudars vrede vilar på mitt huvud tung.
Balder med de ljusa lockar, han, som har var dödlig kär,
se, han hatar mig allena, ensamt jag förkastad är.

Ja, jag stack i brand hans tempel; varg i veum heter jag; 25 när jag nämnes,
skrika barnen, glädjen flyr ur gästfritt lag. Fosterjorden har förkastat en
förlorad son med harm, fridlös är jag i min hembygd, fridlös i min egen
barm.

Icke på den gröna jorden vill jag söka friden mer, 26 marken bränner under
foten, trädet ingen skugga ger. Ingeborg har jag förlorat, henne tog den
gamle Ring, solen i mitt liv är slocknad, bara mörker runtomkring.

Därför, hän till mina vågor! Eja, ut, min drake god! 27 Bada åter beckvart
bringa lustigt i den salta flod; vifta vingarna i molnen, väsande de vågor
skär, flyg så långt som stjärnan leder, som besegrad bölja bär!

Låt mig höra stormens dunder, låt mig höra åskans röst! 28
När det dånar runtomkring mig, då är lugn i Fritiofs bröst.
Sköldeklang och pilregn, gubbe! Mitt i havet slaget står,
och jag stupar glad, och renad till försonta gudar går."

XX.

KUNG RINGS DÖD.

Gullmanig fåle, 1 Skinfaxe, drager vårsol ur vågen mer härlig än förr. Morgonens stråle, dubbelt så fager, leker i kungssal: det klappar på dörr.

Sorgsen i hågen 2 Fritiof inträder, blek sitter kungen; skön Ingeborgs bröst häves som vågen. Främlingen kväder avskedets kväde med darrande röst:

"Böljorna bada 3 vingade hästen, sjöhästen längtar från stranden igen. Ut vill han vada; bort måste gästen, bort från sitt land och sin älskade vän.

Dig ger jag ringen, 4 Ingeborg, åter; heliga minnen bo troget i den. Giv den åt ingen! Fritiof förlåter; mig ser du aldrig på jorden igen.

Ej skall jag skåda 5 stigande röken mer ifrån Nordlanden. Mänskan är slav; nornorna råda. Böljornas öken, där är mitt fädernesland och min grav.

Gå ej till stranden, 6 Ring, med din maka, helst sedan stjärnorna sprida sitt sken! Kanske i sanden vräkas tillbaka Fritiofs, den biltoge vikingens, ben."—

Då kväder kungen: 7 "Tungt är att höra mannen, som klagar likt kvidande mö. Dödssång är sjungen ren i mitt öra. Vad är det mer? Den som föds, han skall dö.

Nornornas lottning, 8 huru vi fike, trotsa vi, klaga vi ej oss ifrån. Dig ger jag drottning, dig ger jag rike, skydda det du åt min växande son!

Väl har jag suttit 9 vänsäll i salen, väl har jag älskat den gyllene frid. Dock har jag brutit sköldar i dalen, sköldar på sjön, och ej bleknat därvid.

Nu vill jag rista 10 geirs-odd och blöda, strådöd ej höves för nordmannakung. Ringa är sista idrottens möda, mera än livet är döden ej tung."

Då skar han ärligt 11 runor åt Oden, dödsrunor djupa på bröst och på arm. Lyste så härligt droppande bloden fram mellan silvret på hårvuxen barm.

"Bringen mig hornet! 12 Skål för ditt minne, skål för din ära, du härliga Nord! Mognande kornet, tänkande sinne, fredelig bragd har jag älskat på jord.

Fåfängt bland vilda, 13 blodiga drotter sökte jag friden, hon flyktade hän. Nu står den milda ätthögens dotter väntande på mig vid gudarnas knän.

Hell er, I gudar, 14 Valhallasöner! Jorden försvinner; till asarnas fest gjallarhorn budar. Salighet kröner skönt, som en guldhjälm, den kommande gäst."—

Sade och tryckte 15 Ingeborg handen, handen på son och på gråtande vän. Ögat han lyckte, kunglige anden flög med en suck till Allfader igen.

XXI.

RINGS DRAPA.

Sitter i högen 1 högättad hövding, slagsvärd vid sidan, skölden på arm.
Gångaren gode gnäggar där inne, skrapar med guldhov grundmurad grav.

Nu rider rike 2 Ring över Bifrost, sviktar för bördan bågiga bron. Upp
springa Valhalls valvdörrar vida; asarnas händer hänga i hans.

Tor är ej hemma, 3 härjar i härnad. Valfader vinkar vinbägarn fram. Ax
flätar Frej kring konungens krona, Frigg binder blåa blommor däri.

Brage, hin gamle, 4 griper i guldsträng, stillare susar sången än förr.
Lyssnande vilar Vanadis vita barmen mot bordet, brinner och hör:

"Högt sjunga svärden 5 ständigt i hjälmar; brusande böljor blodas alltjämt.
Kraften, de goda gudarnas gåva, bister som bärsärk biter i sköld.

Därför var dyre 6 drotten oss kär, som stod med sin sköld för fredliga fält:
sansade styrkans skönaste avbild steg som en offer- ånga åt skyn.

Ord väljer vittre 7 Valfader, då han sitter hos Saga, Sökvabäcks mö. Så
klungo kungsord, klara som Mimers böljor och därhos djupa som de.

Fridsam förlikar 8 Forsete tvisten, domarn vid Urdas vällande våg. Så satt å
domsten dyrkade drotten, blidkade händer blodhämnden bjöd.

Karg var ej kungen, 9 kring sig han strödde dvärgarnas dag-glans, drakarnas
bädd. Gåvan gick glad från givmilda handen, lätt från hans läppar lidandets
tröst.

Välkommen, vise 10 Valhalla-arving! Länge lär Norden lova ditt namn.
Brage dig hälsar höviskt med horndryck, nornornas fridsbud nerifrån
Nord!"

XXII.

KONUNGAVALET.

Till tings! Till tings! Budkavlen gå 1 kring berg och dal. Kung Ring är död: nu förestår ett kungaval.

Då tager bonden svärd från vägg, 2 det stål är blått. Med fingret prövar han dess egg, den biter gott.

De piltar se med glädje på 3 det stålblå sken; de lyfta svärdet två och två, för tungt för en.

Men dottern skurar hjälmen ren— 4 blank skall han bli— och rodnar, när hon skådar sen sin bild däri.

Sist tar han sköldens runda värn, 5 en sol i blod. Hell dig, du frie man av järn, du bonde god!

All landets ära växer ur 6 ditt fria bröst. I striden är du landets mur, i frid dess röst.

Så samlas de med sköldegny 7 och vapenbrak på öppet ting, ty himmelns sky är deras tak.

Men Fritiof står på tingets sten, 8 hos honom står den kungason, en liten en med guldgult hår.

Då går ett sorl kring bondelag: 9 "För liten är den kungsson, kan ej skipa lag, ej leda här."—

Men Fritiof lyfte pilten ung 10 på skölden opp: "I nordmän, här är eder kung och landets hopp.

Sen här den gamle Odens ätt 11 i bild så skön. På sköld han känner sig så lätt som fisk i sjön.

Jag svär att skydda rike hans 12 med svärd och stång och sätta faderns gyllne krans på son en gång.

Forsete, Balders höge son, 13 har hört min ed; och om jag viker därifrån, slå han mig ned!"—

Men pilten satt på skölden lyft, 14 lik kung å stol, lik unga örnen, som från klyft ser opp mot sol.

Den väntan blev det unga blod 15 till slut för lång, och med ett hopp i mark han stod, ett kungligt språng!

Då ropte böndren högt på ting: 16 "Vi, Nordens män, vi kora dig, bliv lik kung Ring, sköldburne sven!

Och Fritiof före dina bud, 17 tills du blir stor. Jarl Fritiof, dig ge vi till brud hans sköna mor."—

Då blickar Fritiof mörk: "I dag 18 är kungaval men bröllop ej; min brud tar jag av eget val.

Till Balders hage vill jag gå, 19 har möte stämt med mina nornor där: de stå och vänta jämt.

Ett ord jag måste tala med 20
de sköldemör.
De bygga under tidens träd,
och ovanför.

Ljuslockig Balder vredgas än, 21 den bleke gud. Han tog, blott han kan ge igen mitt hjärtas brud."—

Då hälsade han nyvald kung, 22 på pannan kysst, och långsamt över hedens ljung försvann han tyst.

XXIII.

FRITIOF PÅ SIN FADERS HÖG.

Hur skönt ler solen, huru vänligt hoppar 1 dess milda stråle ifrån gren till gren, Allfaders blick i aftondaggens droppar, som i hans världshav, lika klar och ren! Hur röda färgar hon ej bergens toppar! O, det är blod på Balders offersten! I natt är snart det hela land begravet, snart sjunker hon, en gyllne sköld, i havet.

Först låt mig dock bese de kära ställen, 2 min barndoms vänner, dem jag älskat så. Ack, samma blommor dofta än i kvällen, och samma fåglar än i skogen slå. Och vågen tumlar sig som förr mot hällen— o, den som aldrig gungat däruppå! Om namn och bragder jämt den falska talar, men fjärran för hon dig från hemmets dalar.

Jag känner dig, du flod, som ofta burit 3 den djärve simmarn på din bölja klar. Jag känner dig, du dal, där vi besvurit en evig tro, som icke jorden har. Och björkar, I, uti vars bark jag skurit de runor många, I stån ännu kvar med stammar vita och med kronor runda; allt är som förr, blott jag är annorlunda.

Är allt som förr? Var äro Framnäs' salar 4 och Balders tempel på den vigda strand? Ack, det var skönt uti min barndoms dalar, men därutöver har gått svärd och brand, och mänskors hämnd och gudars vrede talar till vandrarn nu från svarta svedjeland. Du fromme vandrare, ej hit du drage, ty skogens vilddjur bo i Balders hage.

Det går en frestare igenom livet, 5 den grymme Nidhögg ifrån mörkrets värld. Han hatar asaljuset, som står skrivet på hjältens panna, på hans blanka svärd. Vart nidingsdåd, i vredens stund bedrivet, det är hans verk, är mörka makters gärd; och när det lyckas, när han templet tänder, då klappar han uti kolsvarta händer.

Finns ej försoning, strålande Valhalla? 6 Blåögde Balder, tar du ingen bot? Bot tager mannen, när hans fränder falla, de höga gudar sonar man med blot. Det sägs, du är den mildaste av alla: bjud, och vart offer ger jag utan knot. Ditt tempels brand var icke Fritiofs tanka, tag fläcken bort ifrån hans sköld, den blanka!

Tag bort din börda, jag kan den ej bära, 7 kväv i min själ de mörka skuggors spel; försmå ej ångern, låt en levnads ära försona dig för ögonblickets fel! Jag bleknar ej, fast Ljungarn själv står nära, i ögat kan jag se den blekblå Hel. Du fromme gud med dina månskensblickar, dig ensam räds jag och den hämnd, du skickar.

Här är min faders gravhög. Sover hjälten? 8 Ack, han red hän, där ingen kommer från. Nu dväljs han, sägs det, uti stjärnetälten och dricker mjöd och gläds åt sköldars dån. Du asagäst, se ner från himlafälten, din son dig kallar, Torsten Vikingsson! Jag kommer ej med runor eller galder, men lär mig blott, hur blidkas Asa-Balder?

Har graven ingen tunga? För en klinga 9 Den starke Angantyr ur högen kvad. Det svärd var gott, men Tirfings pris är ringa mot vad jag ber; om svärd jag aldrig bad— svärd tar jag väl i holmgång själv, men bringa du mig försoning ifrån asars stad! Min skumma blick, min gissning blott du lede, ett ädelt sinne tål ej Balders vrede.

Du tiger, fader! Hör du, vågen klingar, 10 ljuvt är dess sorl, lägg ner ditt ord däri! Och stormen flyger, häng dig vid hans vingar, och viska till mig, som han far förbi! Och västern hänger full av gyllne ringar, låt en av dem din tankes härold bli! Ej svar, ej tecken för din son i nöden du äger, fader! O, hur arm är döden!—

Och solen släcks, och aftonvinden lullar 11 för jordens barn sin vaggsång utur skyn, och aftonrodnad körer upp och rullar med rosenröda hjul kring himlens bryn. I blåa dalar, över blåa kullar hon flyger fram, en skön Valhallasyn. Då kommer plötsligt över västervågor en bild framsusande i guld och lågor.

En hägring kalla vi det himmelns under— 12 i Valhall klingar hennes namn mer skönt.— Hon svävar sakta över Balders lunder, en gyllne krona på en grund av grönt. Det skimrar över, och det skimrar under med sällsam glans, ej förr av mänskor rönt. Till slut hon stannar, sjunkande till jorden, där templet stått, nu själv ett tempel vorden.

En bild av Breidablick, den höga muren 13 stod silverblank på klippans brant och sken. Av djupblått stål var pelare var skuren, och altaret utav en ädelsten: och dômen hängde, som av andar buren, en vinterhimmel stjärneklar och ren, och högt däri, med himmelsblåa skrudar, med gyllne kronor, sutto Valhalls gudar.

Och se, på runbeskrivna sköldar stödda, 14 de höga nornor uti dörren stå: tre rosenknoppar i en urna födda, allvarliga men tjusande ändå. Och Urda pekar tyst på det förödda, det nya tempel pekar Skulda på. Och bäst som Fritiof nu sig sansa hunnit och gläds och undrar, så är allt försvunnet.

O, jag förstår er, mör från tidens källa, 15 det var ditt tecken, hjältefader
god! Det brända templet skall jag återställa, skönt skall det stå på klippan,
där det stod. O, det är härligt att få vedergälla med fredlig bragd sin
ungdoms övermod! Den djupt förkastade kan hoppas åter, den vite guden
blidkas och förlåter.

Välkomna stjärnor, som där uppe tågen! 16
Nu ser jag åter glad er stilla gång.
Välkomna norrsken, som där uppe lågen!
I voren tempelbrand för mig en gång.
Uppgrönska, ättehög, och stig ur vågen,
så skön som förr, du underbara sång!
Här vill jag slumra på min sköld och drömma,
hur mänskor sonas och hur gudar glömma.

XXIV.

FÖRSONINGEN.

Fulländat nu var Balders tempel. Däromkring stod ej som förr en skidgård,
men av hamrat järn, med gyllne knappar på var stång, ett värn var rest kring
Balders hage: som en stålklädd kämpehär med hillebarder och med gyllne
hjälmar stod 5 det nu på vakt kring gudens nya helgedom. Av idel
jättestenar var dess rundel byggd, med dristig konst hopfogade, ett jätteverk
för evigheten, templet i Uppsala likt, där Norden såg sitt Valhall i en jordisk
bild. 10 Stolt stod det där på fjällets brant och speglade sin höga panna uti
havets blanka våg. Men runtomkring, en präktig blomstergördel lik, gick
Balders dal med alla sina lundars sus, med alla sina fåglars sång, ett fridens
hem. 15 Hög var den kopparstöpta port, och innanför två pelarrader uppå
starka skulderblad uppburo valvets rundel, och han hang så skön utöver
templet som en kupig sköld av guld. Längst fram stod gudens altar. Det var
hugget av 20 en enda nordisk marmorklyft, och däromkring ormslingan
slog sin ringel, full med runeskrift, djuptänkta ord ur Vala och ur Havamal.
Men uti muren ovanföre var ett rum med gyllne stjärnor uppå mörkblå
grund, och där 25 satt fromhetsgudens silverbild, så blid, så mild, som
silvermånen sitter uppå himmelns blå.— Så templet syntes. Parvis trädde nu
därin tolv tempeljungfrur, klädda uti silverskir, med rosor uppå kinderna
och rosor i 30 det oskuldsfulla hjärtat. Framför gudens bild kring nyinvigda
altaret de dansade, som vårens vindar dansa över källans våg, som skogens
älvor dansa i det höga gräs, när morgondaggen ligger skimrande därpå. 35
Och under dansen sjöngo de en helig sång om Balder, om den fromme, hur
han älskad var utav vart väsen, hur han föll för Höders pil och jord och hav
och himmel gräto. Sången var, som om den icke komme från ett mänskligt
bröst, 40 men som en ton från Breidablick, från gudens sal, som tanken på
sin älskling hos en enslig mö, när vakteln slår de djupa slag i nattens frid
och månen skiner över björkarna i Nord.— Förtjust stod Fritiof, lutad vid
sitt svärd, och såg 45 på dansen, och hans barndomsminnen trängde sig
förbi hans syn, ett lustigt folk, ett oskuldsfullt. Med himmelsblåa ögon och
med huvuden omflutna utav lockigt guld, de vinkade en vänlig hälsning till
sin forne ungdomsvän. 50 Och som en blodig skugga sjönk hans vikingsliv
med alla sina strider, sina äventyr, i natten neder, och han tyckte själv sig
stå, en blomsterkransad bautasten, på deras grav. Och allt som sången
växte, höjde sig hans själ 55 från jordens låga dalar upp mot Valaskjalf; och
mänsklig hämnd och mänskligt hat smalt sakta hän, som isens pansar
smälter ifrån fjällets bröst, när vårsol skiner; och ett hav av stilla frid, av tyst
hänryckning göt sig i hans hjältebarm. 60 Det var, som kände han naturens
hjärta slå emot sitt hjärta, som han ville trycka rörd Heimskringla i sin

brodersfamn och stifta frid med varje skapat väsen inför gudens syn.— Då trädde in i templet Balders överpräst, 65 ej ung och skön som guden men en hög gestalt, med himmelsk mildhet i de ädla anletsdrag, och ned till bältestaden flöt hans silverskägg. En ovan vördnad intog Fritiofs stolta själ, och örnevingarna på hjälmen sänktes djupt 70 inför den gamle; men han talte fridens ord:

"Välkommen hit, son Fritiof! Jag har väntat dig, ty kraften svärmar gärna vitt kring jord och hav, en bärsärk lik, som biter blek i sköldens rand, men trött och sansad vänder hon dock hem till slut. 75 Den starke Tor drog mången gång till Jotunheim, men trots hans gudabälte, trots stålhandskarna, Utgårda-Loke sitter på sin tron ännu; det onda viker icke, själv en kraft, för kraft. En barnlek blott är fromhet, ej förent med kraft; 80 hon är som solens strålar uppå Ägirs barm, en löslig bild med vågen stigen eller sänkt, förutan tro och hållning, ty han har ej grund. Men kraft förutan fromhet tär ock bort sig själv, som svärdet tärs i högen: hon är livets rus, 85 men glömskans häger svävar över hornets brädd, och när den druckne vaknar, blygs han för sitt dåd. All styrka är från jorden, ifrån Ymers kropp; de vilda vattnen äro ådrorna däri, och hennes senor äro smidda utav malm. 90 Dock blir hon tom och öde, blir hon ofruktbar, tills solen, himmelns fromhet, skiner däruppå. Då grönskar gräs, då stickas blomstrens purpurduk, och djur och mänskor näras vid sin moders barm. 95 (sic!) Så är det ock med Askers barn. Två vikter har Allfader lagt i vågskåln för allt mänskligt liv, motvägande varandra, när den våg står rätt; och jordisk kraft och himmelsk fromhet heta de. Stark är väl Tor, o yngling, när han spänner hårt 100 sitt Megingjard utöver bergfast höft och slår. Vis är väl Oden, när i Urdas silvervåg han blickar ner, och fågeln kommer flygande till asars far med tidningar från världens rund. Dock bleknade de bägge, deras kronors glans 105 halvslocknade, när Balder, när den fromme föll, ty han var bandet uti Valhalls gudakrans. Då gulnade på tidens träd dess kronas prakt, och Nidhögg bet uppå dess rot, då lossades den gamla nattens krafter, Midgårdsormen slog 110 mot skyn sin ettersvällda stjärt, och Fenris röt, och Surturs eldsvärd ljungade från Muspelheim. Varthelst sen dess ditt öga blickar, striden går med härsköld genom skapelsen: i Valhall gal guldkammig hane, blodröd hane gal till strids 115 på jorden och inunder jord. Förut var frid ej blott i gudars salar men på jorden ock; frid var i mänskors som i höga gudars barm. Ty vad som sker här nere, det har redan skett i större mått där uppe: mänskligheten är 120 en ringa bild av Valhall; det är himmelns ljus, som speglar sig i Sagas runbeskrifna sköld. Vart hjärta har sin Balder. Minns du än den tid, då friden bodde i ditt bröst och livet var så glatt, så himmelskt stilla som sångfågelns dröm, 125 när sommarnattens vindar vagga hit och dit var sömnig blommas huvud och hans gröna säng? Då levde Balder ännu i din rena själ, du asason, du vandrande Valhallabild! För barnet är ej guden död, och Hela ger 130 igen sitt rov, så ofta som en mänska föds. Men jämte Balder växer i var mänsklig själ hans blinde broder, nattens Höder; ty allt ont föds blint, som björnens yngel föds, och natten är dess mantel, men det goda kläder sig i ljus. 135 Beställsamt träder Loke, frestarn fram alltjämt och styr den blindes mördarhand, och spjutet far i Valhalls kärlek, i den unge Balders bröst. Då vaknar hatet, våldet springer opp till rov, och hungrig stryker svärdets ulv kring berg och dal, 140 och drakar simma vilda över blodig våg. Ty som en kraftlös skugga sitter fromheten, en död ibland de döda, hos den bleka Hel, och i sin aska ligger Balders gudahus.— Så är de höga asars liv en förebild 145 till mänsklighetens lägre: bägge äro blott Allfaders stilla tankar, de förändras ej. Vad skett, vad ske skall, det vet Valas djupa sång. Den sång är tidens vaggsång, är dess drapa ock, Heimskringlas häver gå på samma ton som den, 150 och mannen hör sin egen saga däruti. Förstån I ännu eller ej? spör Vala dig.— Du vill försonas. Vet du, vad försoning är? Se mig i ögat, yngling, och bliv icke blek! På jorden går försonarn kring och heter död. 155 All tid är från sin början grumlad evighet, allt jordiskt liv är avfall från Allfaders tron, försonas är att vända renad dit igen. De höga asar föllo själva; Ragnarök är asarnas försoningsdag, en blodig dag 160 på Vigrids hundramilaslätt: där falla de, ohämnade dock icke, ty det onda dör för evigt, men det fallna goda reser sig ur världsbålslågan, luttrat till ett högre liv. Väl faller stjärnekransen blek och vissnad ner 165 från himmelns tinning, väl försjunker jord i sjön; men skönare hon återföds och lyfter glad sitt blomsterkrönta huvud utur vågorna, och unga stjärnor vandra med gudomlig glans sin stilla gång utöver den nyskapade. 170 Men på de gröna kullar styrer Balder då nyfödda asar och en renad mänskoätt; och runetavlorna av guld, som tappats bort i tidens morgon, hittas uti gräset då på Idavallen av försonta Valhalls barn.— 175 Så är det fallna godas död dess eldprov blott, är dess försoning, födseln till ett bättre liv, som återflyger skärat dit, det kom ifrån, och leker skuldlöst som ett barn på faderns knä. Ack! allt det bästa ligger på hinsidan om 180 gravhögen. Gimles gröna port, och lågt är allt, besmittat allt, som dväljes under stjärnorna.— Dock, även livet äger sin försoning ren, en ringare, den högres stilla förespel. Hon är som skaldens löpning på sin harpa, när 185 med konsterfarna fingrar han slår sången an och stämmer tonen, sakta prövande, till dess att handen griper väldigt uti strängens guld, och forntids stora minnen lockas ur sin grav, och Valhalls glans omstrålar de förtjustas syn. 190 Ty jorden är dock himmelns skugga, livet är förgården dock till Balderstemplet ovan skyn. Till asar blotar hopen, leder gångarn fram, guldsadlad, purpurbetslad, för att offras dem. Det är ett tecken, och dess mening djup, ty blod 195 är morgonrodnan till envar försoningsdag. Men tecknet är ej saken, det försonar ej: vad själv du brutit, gäldar ingen ann för dig. De döda sonas vid Allfaders gudabarm, den levandes försoning är i eget bröst. 200 Ett offer vet jag, som är gudarna mer kärt än rök av offerbollar, det är offret av ditt eget hjärtas vilda hat, din egen hämnd. Kan du ej döva deras klingor, kan du ej förlåta, yngling, vad vill du i Balders hus? 205 Vad mente du med templet, som du reste här? Med sten försonas Balder ej; försoning bor, här nere som där uppe, blott där friden bor. Försonas med din fiende och med dig själv, då är du ock försonad med ljuslockig gud!— 210 I Södern talas om en Balder, jungfruns son, sänd av Allfader att förklara runorna på nornors svarta sköldrand, outtydda än. Frid var hans härskri, kärlek var hans blanka svärd, och oskuld satt som duva på hans silverhjälm. 215 From levde han och lärde, dog han och förlät, och under fjärran palmer står hans grav i ljus. Hans lära, sägs det, vandrar ifrån dal till dal, försmälter hårda hjärtan, lägger hand i hand och bygger fridens rike på försonad jord. 220 Jag känner ej den läran rätt, men dunkelt dock i mina bättre stunder har jag anat den: vart mänskligt hjärta anar den ibland som mitt. En gång, det vet jag, kommer hon och viftar lätt de vita duvovingar över Nordens berg. 225 Men ingen Nord är längre till för oss den dag, och eken susar över de förgätnas hög. I lyckligare släkten, I, som dricken då strålbägarn av det nya ljus, jag hälsar er! Väl eder, om det jagar bort var sky, som hängt 230 sitt våta täcke hittills över livets sol! Förakten likväl icke oss, som redligt sökt med oavvända ögon hennes gudaglans! *En* är Allfader, fastän fler hans sändebud.—

Du hatar Beles söner. Varför hatar du? 235 Åt sonen av en odalbonde ville de ej ge sin syster, ty hon är av Semings blod, den store Odenssonens; deras ättartal når upp till Valhalls troner, det ger stolthet in. Men börd är lycka, ej förtjänst, invänder du. 240 Av sin förtjänst, o yngling, blir ej mänskan stolt men endast av sin lycka; ty det bästa är dock goda gudars gåva. Är du själv ej stolt av dina hjältebragder, av din högre kraft? Gav du dig själv den kraften? Knöt ej Åsa-Tor 245 dig armens senor fasta såsom ekens gren? Är det ej gudens högre mod, som klappar glatt i sköldeborgen av ditt välvda bröst? Är ej det gudens blixt, som ljungar i ditt ögas brand? De höga nornor sjöngo vid din vagga ren 250 drottkvädet av din levnad; din förtjänst därav är större ej än kungasonens av sin börd. Fördöm ej andras stolthet, att ej din fördöms! Nu är kung Helge fallen."—Här bröt Fritiof av: Kung Helge fallen? När och var?"—"Du vet det själv: 255 så länge som du murat här, han var på tåg bland finnarna i fjällen. På en ödslig klint stod där ett gammalt tempel, vigt åt Jumala. Nu var det stängt och övergivet länge sen, men över porten ännu en vidunderlig 260 forntidabild av guden lutade till fall. Men ingen tordes nalkas, ty en sägen gick bland folket ifrån släkt till släkt, att vem som först besökte templet, skulle skåda Jumala. Det hörde Helge, och med blind förbittring drog 265 han uppå öde stigar emot hatad gud och ville störta templet. När han kom dit upp, var porten stängd och nyckeln rostad fast däri. Då grep han om dörrposterna och rystade de multna stammar; på en gång med rysligt brak 270 föll bilden ner och krossade uti sitt fall Valhallasonen, och så såg han Jumala. Ett bud i natt har bragt oss tidningen härom. Nu sitter Halvdan ensam på kung Beles stol; bjud honom handen, offra gudarna din hämnd! 275 Det offret fordrar Balder, fordrar jag, hans präst, till tecken, att du icke gäckat fridsäll gud. Förvägrar du det, då är templet fåfängt byggt, och fåfängt har jag talat."—

Nu steg Halvdan in 280 utöver koppartröskeln, och med oviss blick han stod på avstånd från den fruktade och teg. Då knäppte Fritiof brynjohataren från länd, mot altaret han stödde sköldens gyllne rund och trädde obeväpnad till sin ovän fram. 285 "I denna strid", så talte han med vänlig röst, "är ädlast den, som bjuder först sin hand till frid." Då rodnade kung Halvdan, drog stålhandsken av, och länge skilda händer slogo nu ihop, ett kraftigt handslag, trofast såsom fjällens grund. 290 Förbannelsen upplöste gubben då, som låg utöver varg i veum, över biltog man. Och som den löstes, insteg plötsligt Ingeborg, brudsmyckad, hermlinsmantlad, utav tärnor följd, som månen följts av stjärnorna på himmelns valv. 295 Med tårar i de sköna ögonen hon föll intill sin broders hjärta, men hon lade rörd den kära systern intill Fritiofs trogna bröst. Och över gudens altar räckte hon sin hand åt barndomsvännen, åt sitt hjärtas älskade.——

NOTES.

[The commentaries of F. W. Lindvall's school edition of Fritiofs Saga have been extensively reproduced.]

CANTO I.

Stanza 1. *Hilding* was a yeoman or bonde (see note, canto 2: 1) of Sogn in Norway and fosterfather of Fritiof and Ingeborg. In viking times the children of kings and great warriors were often entrusted to the care of less influential and less wealthy friends to be trained by them, thus removing the young from the temptations and disturbing influences of court life and warfare. This practice would also remove them from the danger of being pampered by fond parents or sycophantic servants.

1. *Ej Norden förr sett två så sköna.* The auxiliary *har* is omitted. Such omissions are common in subordinate clauses and in poetry.

6. *Såg.* Subjunctive past, regular form *såge.*

6. *i Frejas Hus.* Freja, or Fröja, wife of Öder, was the goddess of beauty and love. In her abode, Folkvang, were gathered all the lovers who had been faithful to each other unto death.

7. *älvkungen. Älvor* or *alfer* were ethereal beings of great beauty and with voices that had the clearness of silver. During moonlight nights especially they danced in dales and groves. *Ljusalfer*, light elves, personified the benign influences in nature, especially as they manifest themselves in the realms of light and air. *Svartalfer*, black elves, lived in the earth and personified the silent forces that operate beneath its surface. They are perhaps identical with the dwarfs. The elves are here thought of as having kings and queens just as human beings.

8. *En Kung var ej som han i ära.* A king was not honored as he.

8. *runan.* The runes were the characters of the early alphabet of the Germans, Anglo-Saxons, and Scandinavians. Runic inscriptions were generally cut into wood, bone or rock.

9. *fick han Ingborg lära. Fick* may mean either that he was permitted to teach Ingeborg or that he must do it because of an irresistible desire to do so.

10. *båd', både.*

12. *Det första ax, vars guld blev moget.* A striking metaphor meaning "the first head of grain that ripened and assumed a golden color."

13. *innan kort*, before long.

14. *drog på jakt.* Idiomatic expression for "went hunting."

17. *Valhall(a)*, the home of the gods and the palace of Oden. Hither one half of the heroes that fell in battle were carried by the valkyrs. Here they spent their time in feasting and fighting.

18. *ett kornland, som för vinden går*. A field of grain that waves before the wind.

19. *Idun(a)*, wife of Brage and keeper of the golden apples of youth.

20. *Frigg(a)*, the wife of Oden and queen of the goddesses. She was the goddess of conjugal and motherly love.

21. *Gerd(a)*, wife of Frej, was the daughter of a giant, but nevertheless renowned for her wonderful beauty.

22. *Nanna*, wife of Balder, personified pure and tender love. Balder was the fair god who loved light and lived a life of purity and innocence. The evil Loke induced Balder's blind brother, Öder, to throw an arrow of mistletoe at him and he fell dead. When Nanna saw the body of her dead husband carried out to the funeral pyre, her heart burst with grief.

23. *Hel(a)*, goddess of death and ruler of nine worlds in Nifelhem. She received all that died of sickness or old age, but it seems that others also came to her abode. In the deepest abyss of her kingdom was a place of punishment for the wicked. From her name comes the word "hell" and Swedish *ihjäl (att slå ihjäl*, to kill).

32. *Oden*, oldest and highest god of the Northern races. His spirit pervaded everything. He is the source of the higher forms of life.

33. *Allfader*, Oden. He is so called because he was supposed to be the father of men and of gods.

33. *till smycke*, as an ornament. This use of *till* is very common in Swedish.

34. *Beles dotter*. Ingeborg's father was Bele, king of Sogn in western Norway.

35. *Till Oden ... uppstiger hennes ättartal*. The royal families were supposed to have descended from the gods (see note, canto XXIV: 237).

36. *Torstens son*. Fritiof was the son of Torsten Vikingsson, a viking chief.

37. Observe the numerous expressions of the defiant spirit of Fritiof prior to his going into exile. Note also in stanzas 37 and 38 his ingenuity in proving his own high rank.

38. *Tor*, god of thunder and of war, the strongest of the gods. All noble human strength came from him. He was the friend of man and the enemy of the giants with whom he had many hard conflicts. His abode, Trudvang, was marvelously beautiful. When he journeyed forth from Trudvang, driving a span of he-goats, to meet the giants, thunder and lightning arose.

CANTO II.

Stanza 1. *bonde*. This term is generally translated by the word peasant. The word yeoman is often used as an equivalent term and sometimes the original Scandinavian form *bonde* is used in English. A *bonde* was an independent land-holder, liberty-loving, and, as a rule, an active participant in public affairs.

3. *mjöd*, mead, a fermented drink made of water, honey and hops with a flavoring of spices.

5. *altarrunden*. The pagan temples had no altars. The figure is borrowed from the modern temple.

5. *offerlunden*. The Norse temples were usually surrounded by sacred groves.

8. *hon*; antecedent is endräkt.

8. *som ringen på lansen*. This refers to the metal ring that served to hold the point of the lance to the lance itself and thus gave it greater strength.

11. *På pelarstoder fyra*. According to Scandinavian mythology the heavens were supported by four dwarfs, *Austre*, East, *Västre*, West, *Nordre*, North, and *Södre*, South.

13. *Nog svika lungans tecken i offrad falk*. This assumes that the Norsemen read signs by observing the entrails of animals. Authorities differ on this point. Some maintain that the poet has here merely borrowed from classical mythology.

13. *flärd är mången runa, som skärs på balk*. Meaningless or deceptive is many a rune that is cut in the staff. The early Northmen believed that the will of the gods could be ascertained by writing runes on sticks of wood which then were thrown on the ground and read by the priests.

18. *hur vis han het* (heter). Expression is equivalent to "Hur vis han än må heta."

18. *högbänk*. In the primitive Scandinavian homes benches were placed along the four walls. The men had their places along the long walls (långsidor) and the women along the end walls (kortsidor). At the center of the two long walls were high seats of honor. The master of the house occupied the one on the north side and the chief guest the one on the south side.

21. *till Oden gå*, to die.

22. *Odens fåglar.* Oden is represented as having two birds, Hugin (thought) and Munin (memory or, according to some authorities, the longing that impels Oden to activity), which are dispatched to the earth at every day-break and in the evening return to Oden and whisper into his ears the news of the day's happenings.

26. *ty vädret rår för årsväxt och vind för lycka.* Equivalent to saying that man is not himself the absolute master of his own destiny. The forces of nature can thwart all his plans.

28. Throughout this canto Tegnér draws freely from Havamal, the "Song of Oden" or the "Song of the Most High," which is replete with precepts on morality and wisdom. In this stanza this ancient Scandinavian song is followed very closely. Note the frequent sarcastic references to woman in the Saga.

32. *norna.* The norns, three in number, weave the fate of men and gods. Urda was the norn of the past, Verdandi of the present, and Skulda of the future.

32. *hon stötte på sköld.* The meaning is: Wherever fate threatened with some danger it was met by courage and vigilance.

33. *de asasöner.* See note, canto I: 35.

33. *Nordlands kungar*, the kings of the Northland.

38. *bautasten.* A monument erected in honor of rulers or heroes.

39. *Frej*, the god of sunshine and warm summer showers, hence also the god of harvests.

CANTO III.

Line 1. *Voro nu satta i hög.* Were interred.

2. *fjärden.* In this case Sognefjord.

6. *fäste i lugn sin boning på Framnäs.* Took up his abode on Framnäs. This probably lay on the south side of Sognefjord.

9. *de kullarnas topp. De* is seldom used in this way. Here supplied for the sake of the meter.

15. *som längta till stävan.* That yearn to be milked.

23. *till tio tolfter på hundrat.* A so-called *storhundrade* or great hundred was 120.

26. *högsätespelare*, the posts of the seat of honor. On it were carved images of Oden and Frej.

28. *Frej med solen på hatten.* Frej was the sun god and was pictured with a sun on his helmet.

34. *Östervåg*, Eastern billow, the Baltic. *Västersaltet*, Western salt, the North Sea, *Gandvik*, the White Sea.

36. *Brage*, the god of poetry and music.

38. *Mimers evigt sorlande våg.* Mimer's ever rippling fountain. The god Mimer guarded the fountain of wisdom. Oden once pawned one of his eyes for a drink out of this fountain.

52. *visthus.* These were small houses, separated from the main building, in which food was kept.

58. *Österland*, Asia.

59. *dvärgarnas eld.* The dwarfs were supposed to be most skillful smiths.

61. *Gröningasund*, a sound between Seeland, Moen and Falster in Denmark.

62. *het*, abbrev. for *hette*.

63. *Ulleråker*, a royal estate near Uppsala, where judicial assemblies were held.

68. *Järnhös.* The word means iron skull.

76. *vid solens portar*, in Asia.

79. *Hildur*, the goddess of war. "Hildur's lek" means war.

84. *Vaulund* was the most skillful smith among the dwarfs. He is called *haltande*, lame or limping, because Mimer's wife, who was his bitter enemy, had cut the tendons of his knees.

85. *Tre mark höll han i vikt.* It weighed three marks. A mark was approximately one half kilogram.

88. *Alfhem*, the realm of air between heaven and earth, was the home of the elves and of Frej.

90. *Saga*, wife of Oden and goddess of history. She dwelt in Sökvabäck beneath the stream of time and events, taking note of all she saw. Here Oden visited her daily to drink the pure water from golden beakers and listen to her songs about former days.

99. After the death of Balder (see note, canto I: 22) his body was burned on a great funeral pyre.

100. *Glitner*, "glittering hall," the home of Forsete, the god of justice.

110. *Bretland*, England.

111. *satt sig med skepp*, interred with ship and all.

114. *draken.* The viking ships were so called because in the prow were placed carved images of the dragon's head and the stern was made to resemble the dragon's tail.

164. *Ägir*, the god of the stormy sea.

171. *vingarna.* The sails.

172. *blev efter.* Was left behind in the race.

179. *Var han ej konungason.* Even though he was not a king's son.

186. *blandat blod med varandra.* A solemn compact of brotherhood was sealed by the parties to it causing their blood to flow together from self-inflicted wounds while they made the promises that are stated in the text.

CANTO IV.

Stanza 2. *drakarna*. See note, canto III: 114.

3. *till gäst*. See note, canto I: 33.

4. *dess sida*. Dess, genitive of *den* and *det*, is irregularly used here. The regular form would be *hennes*.

5. *De taltes vid*. They talked together.

6. *namnen, som grodde i björkens bark*. See canto I: 27.

9. Observe in last line the change to direct address.

10. *väl*, doubtless.

11. *dagen om*, throughout the day.

16. *jagar i molnen*. Goes ahunting in the clouds, is dreaming.

18. *Den strådöd*. For the ancient Northmen it was a great disgrace to die a natural death. Death from self-inflicted wounds was more honorable. The use of *den* without an adjective is archaic.

18. *blåvit Hela*. Hela (see note, canto I: 23) was hideous in appearance. Half of her body was livid in color and the other half bore the ghastly pallor of death.

23. *jarl*, chief of a province. English, earl.

26. *Nordlandens drotter*, the kings of the Northland.

27. *Odensblodet*. See note, canto I: 35.

28. *man*. In this connection *man* means one of the king's retinue. The *bönder* rarely sought protection from kings and the proposal of Helge was highly insulting to Fritiof, who himself had a retinue.

30. *runorna lågade röda därpå*. See canto II: 78-81.

31. *svartekung*, swartbeard. Helge is given this name, partly because of his swarthy features, partly because he practices black arts. See canto II: 5.

CANTO V.

Stanza 1. King Ring ruled over Ringerike, on the west side of Kristiania fjord.

4. *snäckorna*, ships.

4. *vita vingar*, white wings, sails.

4. *av rikdom, som rikdomen (be)tingar.* Of wealth that brings more wealth, or upon which further wealth is contingent.

11. *jag gått i frö*, I have grown old.

11. *kungens de glesnade lockar. De* is here used irregularly.

17. *Men lungorna nekade bifall alltjämt.* Constantly the signs refused to he affirmative. For reading of signs see note, canto II: 13.

21. *i templet sätter jag min syster.* The temple of Balder is referred to. Here persons were inviolate and it was especially a great crime for a man to visit a woman in this sacred place.

CANTO VI.

Observe the ingenuity with which Fritiof's words to Björn are also made to convey an answer to Hilding. *Kung* and *bonde* refer to Helge and Fritiof, but they are also the chess terms for king and pawn. Note also the ingenious rhyme of this canto.

Stanza 6. *sköldborg*. In battle the chief warriors stood around the king and the royal banner in closed ranks with their shields turned outward for protection.

11. *man*. See note, canto IV: 28.

Stanza 3. *Delling*, Dawn, was the husband of *Natt*. Their son, *Dag*, was radiant with heauty.

4. *pärlor*, the stars.

5. *kärlekens gudinna*. Fritiof's name for Ingeborg.

10. *valkyria*. The valkyrs were beautiful maidens that served in Valhall. They were sent by Oden to the battlefields to select certain among the fallen heroes and bring them to Valhall.

16. *Vingolv*, the common hall of the gods.

19—22. Compare Shakespeare's Romeo and Juliet, Act III., Scene V.

20. *Ragnarök*, the twilight of the gods, the end of the world.

CANTO VIII.

Lines 27—28. See note, canto V: 21.

35. *Urdas blanka våg.* The pure water of Urda's fountain. The norns daily brought holy water out of this fountain to sprinkle the roots of the great world-tree Yggdrasil in order to keep it ever green. This tree is symbolic of the universe as a great unity. Its branches reach unto heaven. One of its roots extends unto the abode of men, another to the realm of the giants and the third to Hel's kingdom.

36. *Gefton,* the virgin goddess and the protector of female chastity. All women that died unmarried were supposed to serve her.

57. *Bifrosts bro,* the rainbow, the radiant bridge over which the gods pass from heaven to earth. The valkyrs conduct the fallen heroes to Valhall over this bridge.

59. *Där skall han stå.* Han refers to the god of love who is represented as having light wings on his shoulders.

65—66. See canto I: 35.

77. *Min vreda norna.* My evil fate.

87. The *ting* or judicial assembly was held in the open, usually by a burial mound or on a knoll. The proximity to the burial place added solemnity to the procedure. The dead were supposed to be able to hear the deliberations (see canto 4: 25). The judge's seat usually consisted of a boulder.

91—95. See canto II: 5 and 6.

105. *Asa-Tor,* a common designation for Tor.

106. *till försoning,* in reconciliation.

109-110. *som glad drack fria männers bifall till det rätta.* Observe the apt and striking metaphor.

124. *Ett bleklagt nej på mänsklighetens böner.* A striking hyperbole. Only Fritiof and Ingeborg and the assembly were directly concerned.

129. *Har du ej sett. Sett* here used instead of *träffat* or *mött.*

145. *Den dumma vantron.* Note Fritiof's frequent sarcastic references to the religious beliefs and practices of his day. In later cantos (15-24) he appears as a serious-minded and "orthodox" man.

149. *den döda valans.* Refers to Oden's journey to Hel to ascertain from the vala what fate awaited his son Balder. She predicts the death of Balder at the hands of his brother. (See note, canto I: 22.)

150. *Vegtamskvida*, the Eddic Lay of Vegtam. This tells about Odin's journey to Hel. He traveled in disguise and under the name of Vegtam.

156. *i Västerhafvet*, in the North Sea. The islands referred to are the Orkneys, which were first visited by the Northmen in the early part of the seventh century.

164. *Fafner*, a monster that had acquired great wealth by murdering his father. In the form of a hideous dragon he guarded this treasure carefully. His chief means of defense was spewing poison upon those that attacked him.

165. *Sigurd Fafnesbane*, Sigurd the Dragonkiller. He slays Fafner by thrusting his sword into the heart of the monster. He is the foremost hero of the old sagas.

168. *till nästa sommar.* By next summer.

177. *Nastrand*, the dark region of the nether world whither all went that had lived criminal and impure lives.

216. *Greklands hav*, the Grecian Sea. The Northern vikings often extended their expeditions to Southern Europe and even to Asia.

233. *fägna än med mänsklig lycka de förgätna gudar.* This betrays Fritiof's ignorance of the Greek's conception of their gods. The Greeks believed that the gods became jealous of men when these prospered and were happy.

272. *I högen din fader sitter.* The bodies of fallen heroes were placed in a sitting posture in the funeral mound.

275. *är mig i faders ställe. Mig*, possessive dative.

285. *nu*, once for all.

303. *diktade i molnen*, fancied and located in the clouds.

360. *kung Helges syster.* There is bitterness in Fritiof's parting words. Observe that later when Ingeborg's sound reasoning has convinced and calmed him he calls her *kung Beles dotter.*

380. *Alltsen mitt väsen började att dagas.* Ever since the dawn of my existence.

441. *man diktat på mig*, falsely attributed to me; *måna'r*, månader.

466. *ger sitt liv till spillo.* Sacrifices his life. *Till spillo* is an antiquated dative.

CANTO IX.

Stanza 2. *det är lyckligt, får följa*. Either *som* or *det* supplied before *får*.

4. *Ej till hans möte: ej att möta honom.* Not to meet him. This objective genitive occurs very seldom.

5. A fine example of the terse and striking expressions that are so numerous in Tegnér.

6. *Falk.* The custom of using the falcon in the hunt is very old in Scandinavia.

8. *Öder*, the faithless and restless husband of Freja. Once when he left her and remained away a long time she sought him in all lands. The tears she wept while on this sad errand were so precious that they turned to gold; hence this metal is found in all lands. According to one version of the story, she finally found Öder in the South, sitting under the myrtle tree; hence the custom that every bride in Scandinavia must wear a crown of myrtle.

CANTO X.

Stanza 1. *tänk på*, think of.

2. *Sam* and *Hejd* were two monsters that Helge had sent for and offered presents with the request that they raise a storm that would destroy Fritiof and his men. They appeared in the guise of polar bear and eagle.

2. *gudars hem*, the heavens.

3. *Solundar-ö*, an island near the Norwegian coast, probably at the outlet of Sognefjord. Today the group is called the Outer and the Inner Sol Islands.

4. *gudatimrade*, built by the gods. See note, canto 3: 164 seq.

5. *kan du icke se för natt*, could not see because of the darkness.

5. *dra seglaren i kvav*. Drag the sailor into the deep. *Gå i kvav*, to founder, go down.

5. *Ran(a)*, wife of Ägir and goddess of the sea, was hostile to men and sought to drag them down into the deep. She was passionately fond of gold, and sailors deemed it wise to have some of the yellow metal with them with which to appease her in case they foundered at sea. (See stanza 6.)

5. *åt oss*, for us.

6. *fästa havsbrud*, plight troth with the goddess of the sea.

7. *kvad den*, called it forth by incantation.

8. *skepna'n*, skepnaden.

8. *är du gudars dotter*. See canto III: 164 seq.

9. *hålla sjön*, keep afloat.

10. *Effesund*, a sound in the Orkney Islands. Angantyr was jarl of the Orkneys.

11. *havets mör*, the waves, nine beautiful daughters of Ägir and Ran who delighted in playing all over the surface of their father's vast domain.

11. *mjödhorn vandrande på guldfot*. The drinking horns of the ancients often had metal supports.

CANTO XI.

Stanza 1. *såg ut åt blånad ban,* looked out over the blue course (sea).

1. *allt som,* just like.

2. *blott hornet in han stack,* he passed the horn back through the window to have it refilled.

4. *På gången och på pannan.* The definite form may be used thus instead of the possessive when there is no ambiguity.

5. *bärsärk,* from *ber,* bare, and *serk,* shirt or coat of mail. The berserk was an unarmed warrior that went to battle in a frenzy and possessed with preternatural strength. In their fury the berserks would attack indiscriminately friend or foe or even inanimate objects. They were looked upon as abnormal.

8. *var runa stod i brand.* See canto III: 74-81.

10. *pröva annan färd,* try a new way.

13. *till slut,* at last.

13. *livet ... på dig.* A characteristic prepositional possessive.

14. *jag ligger som jag låg,* I will remain still.

15. *höll mitt i hugget inne,* stopped in the very act of striking.

16 *törsten gör mig men,* the thirst hurts me.

17-18. The description of Angantyr's hall is very much modernized by the poet.

20. *som en ros i runa.* May perhaps mean an embellished rune or a flower enclosed in a letter.

22. *ej sitte fjärran från,* should not sit far away.

23. *Sikelö*, Sicily.

24. *Morven.* Northern Scotland, which was often visited by vikings.

24. *välska*, Gaelic, the language spoken in the Scotch Highlands.

24. *norräna tunga*, Norse tongue, the common language of Scandinavia before and during the Viking period.

29. *männer*, archaic plural.

30. *Astrild*, Cupid.

32. *fjärran myntat guld*, gold coined far away, foreign money.

34. *satt ... vintern ut*, remained to the end of winter.

CANTO XII.

Line 9. *Ägirs döttrar*, the waves. See canto X: 11.

19. *dar*, dagar.

21. *växer ut*, assumes the form.

84. *Eriksgata*, from *edh-vreks-gata (ed-givar-gata)*, the journey of early kings to receive the homage of their subjects. Some authorities see the origin of the word in the fact that Erik the Saint was supposed to be the first king to take one of these royal trips.

91. *Disardalen*, the valley of the gods where Balder's temple lay.

108. *Loke*, the evil giant-god, the enemy of all that was good.

129. *Var*, the goddess of plighted troth. She recorded the solemn promises of lovers and the marriage vows and avenged any violation of the same.

135. *Balders Nanna.* See canto I: 22.

145. *sår högens säd*, sows the seed of the funeral mound, i. e., takes life.

164. *Vidar*, the silent god, who next to Tor was the strongest among the asar. He avenges Oden in Ragnarök.

187. *den dagen ... från min runstav tagen.* The early Scandinavians had some sort of calendars, consisting of runes carved on a staff.

198. *Lofn*, the mild and good goddess, and the deity of matrimony.

199. *vite guden*, Balder.

200. *så när som*, except.

CANTO XIII.

Stanza 2. *då rår Höder för världen*, then Höder (Öder) rules the world. Höder, the blind brother of Balder, is the god of night and darkness.

7. *Västervågor*, the western sea.

12. *din like*, one like you.

17. *Fritiof blygs, att han darrar*, Fritiof is so ashamed that he trembles. The antecedent of *han* may be Björn and not Fritiof, the meaning then being, that the latter is ashamed because Björn trembles.

20. *flödar*, pours water.

22. *eldröd hane.* The red cock, the symbol of fire.

25. *Muspels söner*, the flames. Muspel or Muspelhem, the fire world, lay south of the abyss Ginnungagap and was guarded by the flame giant Surt.

CANTO XIV.

In the first part of this canto Fritiof gives free expression to his skepticism and to his contempt for the superstition of his day. See canto VIII, lines 145, 196, 197, 255; canto XIII, stanzas 3, 13. Such skepticism was common in Scandinavia just before the introduction of Christianity.

91. *döna,* for *dåna.*

123. *gudabloden.* Blod is neuter but here used as a gender noun.

175. *nidingsstänger* were pillars raised at crossroads or other conspicuous places to mock an enemy or to indicate that he was held in contempt by every one. At the top was the head of a horse and further down were comic inscriptions giving the name of the despised person and the nature of his offence.

179. *till lands,* on land, antiquated genitive. There are many similar expressions in Swedish.

190. *Gudbrands däld,* the valley of Gudbrand in central Norway.

196. *springa,* break.

202. *Heimskringla,* the earth. Note the apt figure *Heimskringlas panna,* meaning the Northland.

233. *snögar,* poetical form for *snöar.*

CANTO XV.

Stanza 3. *Kort är hammarens skaft hos den segrande Tor.* The handle of Tor's hammer, Mjölner, was very short; in his conflicts with the giants the god hurled it at the enemies. It always returned to his hand, no matter how far he might hurl it. Frej's sword, referred to, had the power of fighting successfully of its own accord as soon as it was drawn from the sheath.

4. *den som stryker (segel)*, the one that lowers the sails, i.e., surrenders.

6. *Valfader*, Oden.

9. *nu*, equivalent to *om*.

15. *vill du hälsas för vår*, if you would be hailed as one of us.

15. *Ljungaren*, the thunderer, Tor.

CANTO XVI.

Stanza 4. *holmgång*, a duel, so called because originally fought on a small island *(holme)*.

8. *Hagbart*, a Norse sea king, was secretly betrothed to Signe, daughter of Sigar, king of Seeland, who caused Hagbart to be captured and hanged. Signe then put fire to her chamber and perished in the flames. The tragic story formed a popular theme for Scandinavian bards.

8. *rista blodörn*, inscribe the blood eagle. This was a monstrous practice by which the Northmen sometimes wreaked vengeance upon their fallen enemies. The ribs were severed from the spinal column and bent outward in the form of wings and salt poured into the wounds, whereupon the entrails were torn out.

CANTO XVII.

Stanza 6. *helt mycket*, a great deal.

6. *I Ånger är jag uppfödd*, seq. Fritiof's dejection blinds his eyes to the happy conditions of his boyhood and youth. What he says is not true. Compare with cantos I and III.

7. *bränner salt vid strand*, boils the sea water to get a residue of salt. This occupation was carried on by the poor and the aged and was considered a very menial service.

14. *nu var löftets timme, och in bärs Frejers galt*. The yule time marked the return of light and was therefore an occasion for great rejoicing and sacrificing to Frej, the sun god. In his honor a roasted boar was placed on the table and with their hands on its head the warriors vowed that they would perform certain heroic deeds.

15. *vinna*, conquer.

18. *i vinter*, this winter.

24. *helt skarpt*, quite liberally, profusely.

24. *ett ärligt julerus*, a good yuletide spree.

CANTO XVIII.

Stanza 6. *Sleipner*, the eight-footed steed of Odin, which was swifter than the wind and never grew tired.

CANTO XIX.

Stansa 2. *med kappor över öga.* The falcons were trained for the hunt by starving them and keeping a hood over their eyes. This was removed just before the bird was released. It then rose perpendicularly and started in pursuit of its prey.

3. *Rota,* a valkyr.

5. *Odens sal,* heaven.

5. *valkyrjan,* the huntress.

7. *Grubblar viking.* This has a conditional meaning; *om* implied before the clause.

9. *Ty de hata mänskors ätter.* Fritiof had changed his ideas about the gods. See canto VIII: 235.

13-15. The birds give expression to Fritiof's own thoughts.

16. *I, som aldrig skulle.* The easier conversational form *skulle* is here used, rather than *skullen,* which the strict adherence to grammatical forms would require.

17. *Nifelhem,* the abode of mist and darkness.

25. *varg i veum,* wolf in the temple, i. e., profaner of the sanctuary.

CANTO XX.

Stanza 1. *Skinfaxe*, the shining steed of *Dag*, day.

3. *vingade hästen*, the ship.

10. *rista geirs-odd*, to take one's own life by wounding oneself with a lance.

13. *blodiga drotter*, bloody deeds of achievement.

13. *ätthögens dotter*, the peace that awaits him in another world.

14. *gjallarhorn*, the trumpet of Heimdall, the sentry of the gods. *Gjallarhornet* can be heard to the remotest part of the world. Upon it Heimdall would blow one terrific blast to summon the gods to the final conflict in Ragnarök.

CANTO XXI.

Stanza 4. *Vanadis.* Freja, having been born in Vanaheim, was also known as Vanadis.

5. *bärsärk.* See canto XI: 5.

9. *dvärgarnas dag-glans, drakarnas bädd*, gold. The dwarfs and dragons had a passionate desire for gold. *Dvärgarnas dag-glans* is an allusion to the belief that the subterranean caves of the dwarfs were illuminated by gold. *Drakarnas bädd* alludes to the supposition that all great treasures in caves were guarded by fierce dragons, as Fafner. See canto VIII: 164.

CANTO XXII.

Stanza 1. *Budkavlen*. Men were summoned to assemblies by staffs that were inscribed with runes and passed from house to house.

7. *på öppet ting*. See canto VIII: 87.

11. *Odens ätt*. See canto I: 35.

16. *böndren*, regular form, *bönderna*.

20. *sköldemör*, shield maidens. The valkyrs were sometimes called norns.

20. *De bygga under tidens träd och ovanför*. This refers to the norns who dwelt at the well of Urd by the world-tree Yggdrasil. But they also determine the fate of men on earth. *Bygga* means here build and dwell.

CANTO XXIII.

Stanza 2. *o, den som, aldrig gungat däruppå*! Note how Fritiof has changed his mind regarding life on the sea. Contrast this with canto XII: 143 seq.; XIV: 65 seq.; XIX: 27 seq.

5. *Nidhögg*, a dragon that was continually gnawing at the roots of Yggdrasil in order to bring about the destruction of the gods.

5. *mörkrets värld*, Nifelhem.

7. *fromme gud*, Balder.

9. *Angantyr*, a great warrior, who fell in a duel and was buried together with his famous sword, Tyrfing. His daughter Hervor appealed to him to give her the sword. This he did, at the same time predicting that it would some day bring disaster upon her and upon her people.

13. *Breidablick*, Balder's glittering palace, the most beautiful hall in Valhall. Its purity was such that nothing common or unclean could endure within its confines.

14. *bäst som*, just as.

15. *mör från tidens källa*. See canto XXII: 20.

CANTO XXIII.

Line 16. *I voren tempelbrand för mig en gång.* Equivalent to saying: When I saw you I was reminded of the burning temple.

CANTO XXIV.

Line 5. *hillebarder*, halberds, weapons that were a combination of axe and spear.

9. *templet i Uppsala likt*. The ancient pagan temple at Uppsala was famous for its marvelous beauty.

23. *Vala*. The reference is to Voluspa, the Vala Prophecy, one of the oldest if not the oldest poetic production of Scandinavia.

26. *fromhetsguden*, Balder.

37-39. See canto I: 22.

56. *Valaskjalf*, a beautiful palace of Oden which was built by the gods and roofed with pure silver. In this palace is the throne Hlidskjalf. Seated there, Oden could overlook the whole world.

76. *Jotunheim* or *Utgård* was the dark and chaotic realm of the giants, which lay in the uttermost part of the earth.

77. *gudabälte*. Tors' wonderful belt, Megingjard which doubled his strength when he put it on. With his mailed gauntlets he seizes his hammer Mjölner.

78. *Utgårda-Loke*. The evil giant-god is so called because he has his realm in Utgård. See note, line 76.

81. *Ägirs barm*, the ocean.

88. *Ymer*, an enormous giant which the gods slew and from whose body they formed earth and heaven. His flesh constitutes the earth; the bones, mountains; the teeth, rocks; the skull, the heavenly vault; and the blood, oceans.

96. *Asker*, the first created man.

103. *fågeln kommer flygande*. See canto II: 22.

106. *när Balder föll*. See canto I: 22.

110. *Midgårdsormen*, the serpent of Midgård, which Oden threw into the sea where it grew until it encircled the earth.

111. *Fenris* or *Fenrisulven*, a giant wolf, son of Loke, which the gods bound securely to a solid rock. There he lies howling until the end of mundane things, when he breaks his fetters and devours Oden. Oden's son, Vidar, avenges his death by slaying Fenris.

112. *Surt or Surtur*, the god of fire, who guards the fiery realm Muspelhem. At Ragnarök he is the first to ride forth to conflict with the gods. He carries a flaming sword that transcends the sun in brightness.

114-116. *I Valhall gal gullkammig hane*, seq. The cock, as the symbol of fire, announces the coming of Ragnarök. A golden-combed cock awakens the halls of Valhall, a red cock crows on earth and beneath the earth.

161. *Vigrids hundramilaslätt*. Vigrid's plains, one hundred miles square, upon which is waged the final conflict between the gods and the forces of evil.

175. *Idavallen*, the plains of Ida, where the gods first met after the creation of heaven and earth. Here the gods were at play when Balder fell. After Ragnarök the regenerated gods return to Idavallen and recall to their mind the heroic deeds they had performed. In the grass they find the wonderful golden disks that had been the property of the ancient gods.

181. *Gimles port*, the portal of Gimle, a hall lined with gold and fairer than the sun, in which the righteous dwell after Ragnarök in eternal bliss.

193. *leder gångarn fram*. The horse was used for food and for sacrifice.

211. *jungfruns son*, Christ. Returning warriors and tradesmen and captives of war had undoubtedly at the time of Fritiof brought to Scandinavia some knowledge of the teachings of the Christian religion. The Balder of Scandinavian mythology has many of the attributes of Christ.

237. *Semings blod*. Seming was one of the sons of Oden that became the progenitor of a family of kings. Ingeborg and her brothers had descended from him.

258. *Jumala*, a Finnish deity.

292. *varg i veum*. See canto XIX: 25.

Lightning Source UK Ltd.
Milton Keynes UK
UKHW011009120223
416774UK00005B/225

9 789356 311879